Axel Klappoth

Verborgene Orte in Berlin

Fotos
von Brigitte Proß-Klappoth

Yuba Edition Axel Klappoth

Bibliografische Information der Deutschen Nationalbibliothek
Die Deutsche Nationalbibliothek verzeichnet diese Publikation in der Deutschen Nationalbibliografie; detaillierte bibliografische Daten sind im Internet über *http://dnb.d-nb.de* abrufbar.

2. überarbeitete Auflage
info@yuba-edition.de / www.yuba-edition.de

Fotos: Brigitte Proß-Klappoth
Foto S. 135: Bernd Schönberger
Foto S. 145 unten aus:
Hans-Rainer Sandvoß, *Widerstand in Mitte und Tiergarten,* S. 132, 1999
Umschlaggestaltung: Katrin Dobbrick
Umschlagfoto: Brigitte Proß-Klappoth
Bezirkskarte: Yuba Edition
Druck: Trigger Medien GmbH, Berlin
ISBN: 978-3-942033-02-2

Inhalt

Gärten und Parks, Villen und Dorfauen

Orte am Wasser

Baukunst und Skulpturen

Fabrik- und Wohnhöfe

Spirituelle Orte und Denkmale

Museen und Galerien

Bühnen und Literaturorte

Bars, Restaurants, Cafés und Teehäuser

Hotels, Hostels und Pensionen

Gärten, Parks, Villen und Dorfauen

Garten und Villa Harteneck

Ohne Mauern, nur von einem Zaun geschützt, zieht der Harteneck-sche Villengarten die Aufmerksamkeit jedes Vorübergehenden auf sich. Ein von niedrigen Eibenhecken eingefasstes, prachtvolles Formenwerk breitet sich zwischen der Terrasse der Villa und einer gegenüberliegenden Pergola aus. Das ovale Becken mit hochsteigender Fontäne im Zentrum der Rasenfläche, ein kleineres Wasserspiel vor den Bänken der Pergola, umlaufende Blumenrabatten, Wege und zwei seitliche Sitzgruppen – die eine davon mit schöner Rundbank unter alten Linden – füllen das zugleich privat und großräumig wirkende Gartenrechteck. Eine Treppe führt hinunter in einen Landschaftsgarten, der auch von der Fontanestraße aus, zwischen den Grundstücken 13 und 17, durch ein eigenes Tor begehbar ist. Der Garten und die Villa in den Formen eines antiken italienischen Landsitzes entstanden 1911 bis 1912 nach Plänen von Adolf Wollenberg für den Großkaufmann Carl Harteneck. In den 80er Jahren stellte die Denkmalpflege die völlig verfallene Gartenanlage wieder her und erschloss damit einen der schönsten Villengärten Grunewalds der Öffentlichkeit. Der Zugang zum Inneren der Villa wird durch ein Geschäft ermöglicht, das in den prächtigen Räumen des Erdgeschosses und auf der erhöhten Gartenterrasse Designermöbel, italienische Garten-Accessoires und geschmackvollen Nippes zelebriert und in nicht geringem Maße zum luxuriösen Touch dieses herrlichen Ortes beiträgt.

Adresse: Douglasstr. 9, 14193 Berlin
Öffnungszeiten: Apr.-Okt. 10-19 Uhr, Nov.-Mrz. 8-18 Uhr
Verbindung: S7 Grunewald; Bus M19, 186 Hagenplatz

Gärten im Luisenstädtischen Kanal

„Wehranlagen zu Gärten" zu machen, war eine Forderung engagierter Bürgerrechtler nach dem Fall der Berliner Mauer. Zwischen Waldemar- und Schillingbrücke, wo der Grenzstreifen dem Verlauf des alten Luisenstädtischen Kanals folgte, wurde das verwirklicht. Der Kanal entstand 1848 als Verbindung zwischen Landwehrkanal und Spree und wurde 80 Jahre später aus hygienischen Gründen wieder zugeschüttet. In den 20er und 30er Jahren schuf Erwin Barth im Kanalbett eine Gartenattraktion, die mit ihren Wasserspielen täglich Tausende von Spaziergängern anzog. Auf den Fundamenten dieser historischen Gartenanlage entstand der heutige Garten.

Zwischen restaurierten Kanalmauern und berankten Pergolen wurde, fremdartig schön, der Indische Brunnen nachgebildet. Prachtvolle Rosenbeete, die von sechzehn Fontänen bewegte Wasserfläche des Engelbeckens und ein herrlich am Schilfsaum gelegenes Café schließen sich an. Vor der St.-Michaels-Kirche knickt das Kanalbett in südöstlicher Richtung ab und nimmt auf seinem Weg zur Spree einen, von Engel- und Bethaniendamm gerahmten, *Immergrünen Garten* auf. Frühzeitig hatte das Gartenbauamt nach der Wende die Trasse vom Engelbecken bis zur Köpenicker Straße beidseitig mit einer Doppelreihe Linden bepflanzt und so das Terrain gärtnerisch reklamiert. Jenseits der Adalbertstraße folgt die anspruchsvollste Partie, in der das in Jahrzehnten wild gewachsene Pioniergrün toleriert und sensibel mit neu gepflanzten Bäumen und Stauden kombiniert wurde. Zwischen der St. Thomas-Kirche und der Köpenicker Straße folgen bunte Beete im Wechsel mit Kinderspielgeräten und Rasenflächen.

Das Westberliner Teilstück des Kanals, südwestlich der Waldemarbrücke, ist nur in seinem letzten Teil gartengestalterisch gelungen, wo sich ein Trockenfluss mit großen Findlingen zwischen Segitz- und Erkelenzdamm zum Landwehrkanal hinunter windet. 150 Jahre Berliner Stadt- und Landschaftsgestaltung sind auf dem zwei Kilometer langen Weg zwischen der Schillingbrücke an der Spree und dem Urbanhafen im Landwehrkanal zu besichtigen.

Adresse: Zwischen Waldemar- und Schillingbrücke
Verbindung: U1, U8 Kottbusser Tor; Bus 347 Heinrich-Heine-Platz, Bus M29 Oranienplatz, Bus 147 Michaelkirchstr.

Comenius-Garten

Johann Amos Comenius (1592-1670) ist Namens- und Ideengeber des kleinen Themengartens im Böhmischen Dorf in Neukölln. Die gärtnerischen Schöpfungen folgen Zitaten aus dem Werk des böhmischen Pädagogen und können als naturpoetische Annäherungen an die Aufgaben verstanden werden, die sich dem Menschen in seinen verschiedenen Lebensaltern stellen. Im westlichen Teil stellen Veilchenbeet, Wiesenteppich, Irrgarten oder Lebensquell solche Übertragungen für das Grundschulalter dar. Zauberhafte Wasserkompositionen und rätselvolle Pflanzenbilder sind hier entstanden. An die Gartenlaube mit der Qualität eines Seelenparadieses schließt sich eine stärker figürlich bestimmte Partie an. Neben dem Standbild des Gelehrten treten seine pädagogischen Werkzeuge auf: eine Bühne für die „Schule als Spiel" und eine Galerie an der nördlichen Begrenzungsmauer für eine „Welt in Bildern". In Reihen gepflanzte Obstbäume kennzeichnen zur Richardstraße hin den letzten Erziehungszyklus, den Akademiebereich. Zu beiden Seiten des Gartens setzen sich die Lebenszyklen in den Einrichtungen des böhmischen Dorfes fort. Ihr Beginn ist der Walnuss-Lebensbaum am Karl-Marx-Platz, ihr Ende der böhmische Gottesacker in der Kirchhofstraße. Seit der Eröffnung des Gartens, 1995, haben sich die Baumkronen geschlossen und die Obstbäume und Beerensträucher tragen Früchte. Der umzäunte Garten ist in die philosophische Idee hineingewachsen, die „Baumhallen des Lebens" sind entstanden und die wissenschaftlichen Gartenbetreuer sind Gärtner und Pädagogen geworden. Längst haben sich den alten Böhmischen Glaubensflüchtlingen neue Flüchtlingsgruppen zugesellt. Orient und Okzident, Alte und Junge, Suchende und Erntende begegnen sich hier. Ein etwas versteckter Klingelknopf am Gartentor in der Richardstraße gewährt Eintritt in den Garten. Nachts oder wenn kein Betreuer da ist, bleibt er verschlossen. Einzelne und Gruppen, die genaueres über Geist und Gestaltung des Comenius-Gartens erfahren wollen, können telefonisch Gespräche und Führungen vereinbaren.

Adresse: Richardstr. 35, 12043 Berlin, Tel.: +49 (0)30 6866106, www.comenius-garten.de
Verbindung: U7 Karl-Marx-Straße

Naturpark Schöneberger Südgelände

Ungenutzte Schienen und Bahnanlagen überziehen sich in wenigen Jahrzehnten mit jungem Grün und bieten seltsam reizvolle Landschaftsbilder. Der S-Bahnfahrer kennt das und weiß das auf langen Fahrten zu schätzen.

Mit dem Naturpark Schöneberger Südgelände haben Naturschützer, Wissenschaftler, Stadtplaner und Künstler einen Ausschnitt solch eines S-Bahn-Biotops in den Rang eines philosophischen Gartens erhoben. Das Areal des Rangierbahnhofes hat sich wie anderswo von selbst mit Robinien, Birken und Wiesenblumen geschmückt. Dort wo sich landschaftlicher Neuanfang und industrieller Zerfall begegnen, haben Künstler die Konturen nachgezogen oder mit Skulpturen akzentuiert. Wäldchen und Wiesen, Rott und Rost sind augenfällige und gleichberechtigte Akteure der Verwandlung. Speziell sind die Wege; man könnte sie kunstvoll und pädagogisch nennen. Sie folgen schnurgerade den Schienen oder führen als metallene Stege an der Natur entlang, nicht in sie hinein. Da spürt man den Botaniker und Landschaftsschützer, der sein Biotop erhalten will, der führen und zeigen will und sich den beobachtenden Menschen wünscht.

Das Café *Paresüd* ist an Wochenenden geöffnet und bietet an Sonntagen einen eindrucksvollen, Frühstück, Mittagessen und Nachmittagskaffee abdeckenden, Brunch an.

Seit 2011 hat der Park eine kulturelle Attraktion hinzugewonnen. Die Shakespeare Company Berlin hat hier ihre Freilichtbühne aufgebaut und bereitet mit ihrem mitreißenden Spiel traumhafte Sommernächte. Bei schlechtem Wetter zieht die Theatertruppe mit dem Publikum und *Shakespeare in Grün* in den alten Lokschuppen.

Adresse: Priesterweg, 10829 Berlin, Café: www.paresued.de, Theater: www.shakespeare-company.de
Öffnungszeiten: 9 Uhr bis Sonnenuntergang, Café: Sa, So+feiertags 11-18 Uhr
Verbindung: S2, S25 Priesterweg; Bus M76, X76, 170, 246 S Priesterweg

Liebe
am

rmann-Villa Vannsee

Seit 2006 hat Berlin mit der Liebermann-Villa und ihrem Garten einen authentischen, der Öffentlichkeit zugänglichen Künstlerort, wie es ihn, bis dahin vergleichbar, nur mit dem Georg-Kolbe-Museum besaß. 1909 hatte Max Liebermann den Architekten Paul Otto August Baumgarten mit dem Bau seines Hauses in der damaligen Seestraße 24 beauftragt. Die Villa des Malers und mehr noch der in zweijähriger Gemeinschaftsarbeit entstandene Garten sind auf zahlreichen Bildern aus Liebermanns Spätwerk zu erkennen, auch ein Grund dafür, dass die Wiederherstellung des Künstlergartens so gut gelingen konnte. Die Gartenidee stammte von Liebermann selbst, aber das gartenkünstlerische Konzept entwickelte Alfred Lichtwark, der befreundete Direktor der Hamburger Kunsthalle. Die praktische Umsetzung wurde dem städtischen Gartendirektor Albert Brodersen anvertraut und der Bildhauer August Gaul steuerte den seitlich der Terrasse aufgestellten Fischotterbrunnen bei.
Der seeseitige Gartenteil gliedert sich in drei Partien: eine ausgedehnte Rasenfläche im Zentrum, die den Blick auf den Wannsee freilässt, zu den Seiten ein zauberhafter Birkenweg, der von den jungen Bäumen förmlich umtanzt wird und eine Flucht von Gartenzimmern, die, aus dichten Hainbuchenhecken geformt und dahinter versteckt, entdeckt werden wollen. Der vordere Teil des Gartens, zwischen Haus und Straße, schwelgt in üppigen Blütenstauden, durchmischt mit Obstbäumen und Gemüsebeeten. Von mancher Gartenbank aus geraten Ansichten ins Blickfeld, die der Maler als Bildmotive wählte und denen man in den ausgestellten Werken in der Villa wieder begegnen kann.
Im alten Gärtnerhaus ist ein Museumsshop mit breitem Angebot an Literatur untergebracht und die Terrasse mit dem schönen Blick über Garten und See wird vom *Café Max* bewirtschaftet. Der Dank für diesen unvergleichlich leichten Kunst- und Museumsort gebührt den Menschen im Umkreis der Max-Liebermann-Gesellschaft e.V., deren jahrelanges bürgerschaftliches Engagement die Öffnung und den Betrieb der Liebermann-Villa ermöglicht hat.

Adresse: Colomierstr. 3, 14109 Berlin, Tel.: +49 (0)30 80585900, www.liebermann-villa.de
Öffnungszeiten: Apr.-Sep.: tgl. außer Di 10-18 Uhr, Do bis 20 Uhr, Okt.-Mrz.: tgl. außer Di 11-17 Uhr
Verbindung: S1, S7 Wannsee; Bus 114 Liebermann-Villa

Villa von der Heydt

Die Villa von der Heydt ist eine der letzten Tiergartenvillen, die die Abrisspläne Albert Speers und, wenn auch schwer beschädigt, den Zweiten Weltkrieg überstanden hat. Nach zwei ruhigen Jahrzehnten nahm die Nutzungsgeschichte des 1862 errichteten Gebäudes turbulente Züge an. In den 80er Jahren mietete die chinesische Gesandtschaft das repräsentative Haus und betrieb es wie einen Gasthof. Von Kugelschinken, Haifischflossen, getrockneten Enten und Schwaden von Tabak- und Opiumrauch ist die Rede und dem Dichterblick Theodor Fontanes, an dessen täglichem Spazierweg die Villa lag, verwandelte sich das Wasser des Landwehrkanals schon in die gelben, schweren Fluten des Yang-tse-kiang. Von 1890 bis zum Ende des Ersten Weltkriegs gewann Karl von der Heydt, ein Enkel des Erbauers, die Villa seiner Familie und dem deutschen Kulturleben zurück und unterhielt in ihr einen der glänzendsten Salons der Berliner Gesellschaft. Nach Krieg und Revolution, 1919, gaben die von der Heydts das schöne Haus auf und der Allgemeine Deutsche Sportverein e. V. wurde neuer Eigentümer. Im Schutz des unauffälligen Namens etablierte sich ein exklusiver Club, dessen Mitglieder in der abgeschiedenen Villa bis 1933 dem Glücksspiel frönten. Schon kurze Zeit nach dem Zweiten Weltkrieg wurden im Kellergeschoß der ausgestorben wirkenden Ruine noch bis in die 60er Jahre hinein Bonbons und Pralinen fabriziert.

Das Rettungswerk des Hauses begann 1966 mit der Verleihung des Denkmalstatus und wurde 1979 mit dem Wiederaufbau abgeschlossen. Die klassizistische Villa mit der auffälligen, vasenbekrönten Attika wird heute als Sitz des Präsidenten der Stiftung Preußischer Kulturbesitz genutzt. Sie liegt unter hohen, alten Bäumen innerhalb eines ummauerten Gartens, in der Calandrelli-Anlage, einem Teil der Landwehrkanalaue, die sich hier, zwischen Herkulesufer und Von-der-Heydt-Straße, sichtlich verbreitert. Ein reizvoller und verschwiegener Weg führt zwischen Wasser und Gartenmauer zum benachbarten Bauhausarchiv, dessen Cafeteria einen schönen Blick auf die ganze Szenerie gewährt.

Adresse: Von-der-Heydt-Str. 16-18, 10785 Berlin
Verbindung: Bus M29 Köbisstr.

Landhausgarten Dr. Max Fränkel

Dr. Max Fränkel beauftragte den Berliner Gartenbaudirektor Erwin Barth mit der Anlage seines Landhausgartens in der zweiten Hälfte der 1920er Jahre. Nach dem Bau der Heerstraße, 1910, waren das Dörfchen Kladow und vor allem seine Hänge über der Havel für die großstädtischen Nachbarn zum begehrten Baugrund geworden. Schon 1912 befand sich das gesamte Havelufer in der Hand Berliner Grundbesitzer.

Die Fränkelsche Anlage – das geplante Landhaus blieb ungebaut, da der Bankdirektor 1933 emigrieren musste – liegt in der Nachbarschaft von *Geßners Guckegönne*, dem Landhaus des Architekten Albert Geßner am Schwemmhorn, wo sich das steile Kladower Ufer dem Nordufer der Pfaueninsel entgegenwölbt. Der in den Havelhang hinein gebaute Terrassengarten, der die Geländesprünge mit Mauern und Treppenfolgen aus Naturstein oder weichen Geländeformen wie dem alpinen Garten auffängt, ist ganz auf die großzügige Promenade am Fluss und die Inszenierung der Wasserlandschaft ausgerichtet. Als letztes Werk des 1933 freiwillig aus dem Leben geschiedenen, hochgeschätzten Berliner Gartenarchitekten, hat der heute öffentlich zugängliche Garten eine ganz besondere Denkmalbedeutung. Für die Gartensaison 2013 gibt es wegen der Arbeiten im Patk keine offiziellen Öffnungszeiten. Besucher finden aber werktags, solange die Gärtner vorort sind, problemlos Einlass.

Ein eineinhalb Kilometer langer Fußweg führt vom Garten über den Sacrower Kirchweg, die Imchenallee und den Imchenplatz zu einer mehr als 100 Jahre alten Berliner Institution, der BVG-Fähre F10. Seit 1892 bedient ein Schiff die Verbindung zwischen Kladow und Wannsee. Es verkehrt stündlich und benötigt für die Fahrt bis zur Anlegestelle an der Rönnebypromenade etwa zwanzig Minuten. Ein normaler BVG-Fahrschein, mit dem man im nur wenige Minuten entfernten Bahnhof Wannsee in die S-Bahn umsteigen kann, berechtigt zur Überfahrt.

Adresse: Lüdickeweg 1, 14089 Berlin, Mobil: +49 (0)30 902793041
Öffnungszeiten: Wochentags. wenn die Gärtner da sind.
Verbindung: Bus X34 vom Bhf. Zoo bis Endstation Hottengrund

Späthsches Arboretum

Sechs Generationen lang, von 1720 bis 1944, gelang es der Späthschen Gärtnerdynastie das Erbe zu mehren und einen Gartenbaubetrieb von Weltgeltung zu schaffen. Franz Späth, der vorletzte und erfolgreichste in der Reihe der Familienoberhäupter, verhundertfachte die vom Vater übernommene Anbaufläche. Die Entstehung und der Name des Stadtteils Baumschulenweg gehen auf sein Wirken zurück. An seinem 1874 errichteten Wohnhaus ließ er nach Plänen des Stadtgartendirektors Gustav Meyer den Garten anlegen, aus dem das heutige Arboretum hervorging.

In den Formen eines englischen Parks war es zugleich Hausgarten, Versuchsfeld für den Baumschulbetrieb und Schaupflanzung für die Kunden. Die mit 4000 Pflanzenarten besetzte, nur 3,5 ha große Fläche wird von äußerst schmalen Wegen erschlossen. Ihre besonderen Idyllen liegen in einer Gewässerzone und einem erst zwischen 1928 und 1929 eingefügten Steingarten. Gartenkunst und die Bedürfnisse des gärtnerischen Alltags haben in dem Baumgarten eine ungewöhnliche Intimität und Dichte hervorgebracht. In den 60er Jahren wurde das Späthsche Herrenhaus zu einem Institutsgebäude der Humboldt-Universität umgebaut, die Schäden der Vernachlässigung behoben, alle Pflanzen mit Namenstäfelchen versehen und das Arboretum wieder für ein interessiertes Publikum geöffnet. Seit 1995 wird im September ein Traditionsfest gefeiert und zu den Höhepunkten des Pflanzenjahres finden an einem Sonntag im Monat morgendliche Konzerte und Führungen statt.

Adresse: Späthstr. 80/81, 12437 Berlin, Tel.: +49 (0)30 6366941, www2.hu-berlin.de/biologie/arboretum
Öffnungszeiten: April - Oktober, Mi, Do, Sa, So und feiertags 10-18 Uhr
Verbindung: S8, S9, S46, S47 Baumschulenweg; Bus 170, 265 Baumschulenstr./Königsheideweg

Dorfaue Marienfelde

In den mehr als 50 Dorfkernen Berlins haben sich mit den Angerresten und Dorfkirchen wohltuende Momente ländlichen Lebens in der Großstadt erhalten. Der Marienfelder Dorfanger bietet das baulich geschlossenste und neben Lübars markanteste Dorfbild der Stadt. In seinem Zentrum steht die älteste Dorfkirche Berlins, ein Granitquaderbau der Templer aus dem ersten Drittel des 13. Jahrhunderts. Sie ist sonntags zum Gottesdienst geöffnet. Der Termin für die musikalische Vesper, die in der Regel am ersten Sonntag im Monat stattfindet, sollte telefonisch erfragt werden.
Zu beiden Seiten des gedrungenen Kirchleins mit kurzem Turm hat die Denkmalpflege Teiche und Wege rekonstruiert. Das Wiesenoval, von herrlichen alten Bäumen bestanden und umbaut mit Bauernhöfen, kleinen Mietshäusern und den beiden Dorfgasthöfen, kommt in seinem Erscheinungsbild dem Dorfkern vom Beginn des 20. Jahrhunderts nahe. In seinem östlichen Teil geht es in den Park eines ehemaligen Mustergutes über, dessen Fläche ein Mehrfaches des Angers ausmacht. Gutsbesitzer, Politiker und Amtsvorsteher in Marienfelde war Adolf Kiepert. Sein Herrenhaus, eine reich gegliederte Villa aus der Mitte des 19. Jahrhunderts, beherbergt heute einen von drei Standorten des Bundesinstituts für Risikobewertung, einer Institution, die dem Verbraucherschutz dienen soll.

Adresse: Alt-Marienfelde, 12277 Berlin, Tel.: +49 (0)30 7218036
Öffnungszeiten: So 9.30 Uhr (Gottesdienst), zwischen Pfingsten und Erntedankfest So 15-18 Uhr
Verbindung: S2 Buckower Chaussee; Bus M11, X11, X83, 112, 172 Nahmitzer D./Marienfelder Allee

[illegible] Garten
[illegible]park Marzahn

[illegible] Garten verbirgt sich, klein und kostbar, hinter [illegible] Mauern und wäre, wollte man seinen Rang unter [illegible] *Gärten der Welt* bestimmen, das Auge in der Gestalt der multikulturellen Anlage. Kamel Louafi, ein aus Algerien stammender Berliner Garten- und Landschaftsarchitekt, der Gartenhistoriker Mohammed El Fai'z aus Marrakesch und eine Gruppe marokkanischer Handwerker haben das nordafrikanisch-arabische Gartenkleinod geschaffen. Ein Achsenkreuz aus Wasserläufen und gefliesten Wegen bildet die Grundfigur und teilt die Anlage in vier gleich große, leicht abgesenkte, von Granatäpfeln, Oliven, Quitten, Mispeln, Maulbeeren, Palmen, Orangen, Rosen und Zwiebel- und Gewürzpflanzen bewachsene Flächen. Die vier, von schönen Wasserspielen belebten, unter einem mittleren Pavillon aus einer Brunnenschale hervorströmenden Flüsse, sind der koranischen Vision des Paradiesgartens mit seinen Bächen aus Wasser, Milch, Wein und Honig nachgebildet. Nördlich und südlich schließen sich an das Gartenrechteck Arkadengänge an, in deren Stirnseiten Nischen mit reich dekorierten Trinkbrunnen eingelassen sind. Den Boden zieren in endlos variierenden geometrischen Formen verlegte Fliesenteppiche. Bemalte Decken, in Holz, Gips und Stein ausgeführte Schnitzereien und Steinmetzarbeiten, mit floralen Ornamenten und arabischen Kalligraphien gestaltetes Kachelwerk, vier prachtvolle Hoftore – der Reichtum aus Schmuckelementen und Pflanzen, aus Farben und Düften, aus plätschernden und springenden Wässern ist reiner Überschwang. Das Strenge, formal Geometrische der Anlage wird eher unter den Arkaden fühlbar und im Saal der Empfänge, der im Sommer 2007 dem Garten der vier Ströme angefügt wurde. Den leeren, von einer Glaskuppel erhellten, Raum umfasst ein aus achtundzwanzig Säulen gebildeter Arkadengang mit fein beschnitzten, duftenden Zedernholzbögen. Er verstärkt die feierlich kontemplative Seite des Ensembles und fungiert als Eingangshalle in den zauberhaften Gartenhof.

Adresse: Eisenacher Straße 99, 12685 Berlin, Tel.: +49 (0)30 700906699, www.gaerten-der-welt.de
Öffnungszeiten: April bis Ende Oktober 9 Uhr bis Sonnenuntergang
Verbindung: U5 Hellersdorf; S7 Marzahn; Bus 195 Erholungspark Marzahn

Dorfaue Lübars

Die Dorfaue in Lübars ist der einzige der zahlreichen Dorfkerne Berlins, der tatsächlich noch im Mittelpunkt eines dörflichen Geschehens liegt. Ein Barockkirchlein und ein Feuerwehrhaus, das Schulhaus mit schönem Bauerngarten und alten Eichen, Eschen, Kastanien und Maulbeerbäumen bilden das kleine Auenrund. Darum liegen in engem Kreis Reiterhöfe, einstöckige Bauernhäuser mit klassizistischen Stuckfassaden, ein Stroh gedecktes Kossätenhaus und der große, alte Dorfkrug, an dem um die Mittagszeit fast kein Vorbeikommen ist. Hinzu kommt der schöne, historische Labsaal, groß wie ein Tanzboden, der als Veranstaltungsort dient, und dessen Programm man kennen sollte, wenn man Lübars besuchen will. Nach Norden geht der Blick über Pferdekoppeln hinunter in das Tegeler Fließ, eine eiszeitliche Abflussrinne, die sich vom Höhenzug des Barnim bis zum Tegeler See hinzieht. In großen Schleifen durchfließt ein Wiesenbach das zauberhafte, mit Sandwegen und schmalen Pfaden erschlossene und unter Vogelkundlern sehr beliebte Tal. Wer Lübars nach Osten hin, in Richtung Blankenfelde, verlässt, gelangt auf eine von Bäumen und Feldern gesäumte Chaussee, deren stimmungsvolle Wirkung auf den landschaftshungrigen Großstädter überwältigend ist.

Adresse: Alt-Lübars, 13469 Berlin, www.labsaal.de
Verbindung: S1, S2 Waidmannslust; Bus 222 Alt-Lübars

Orte am Wasser

Restaurantschiff Capt'n Schillow

Das Restaurantschiff liegt in einem Nebenarm des Landwehrkanals am Rande des Tiergartens, gerade unterhalb der immer noch weitgehend Wirtshaus freien Straße des 17. Juni. Ihre maßlose Breite erhielt die alte Chaussee nach Charlottenburg erst in der Zeit des Nationalsozialismus. Obwohl nur wenige Schritte von dem viel besuchten Wochenend-Flohmarkt entfernt, ist das Schiff nicht leicht zu entdecken. Am Fuß des Charlottenburger Tores, auf der dem Markt gegenüberliegenden Straßenseite, finden sich erste Hinweise. Ein Holzplankenweg führt den Gast unter hohen Bäumen hinunter zu einer Liegestelle für Hausboote. Aus dem Lärm der vielspurigen Straße in die Behaglichkeit des sonnenbeschirmten Schiffsdecks einzutreten, ist ein Stadterlebnis der besonderen Art.

Nach einem Flohmarktbesuch oder einem ausgedehnten Bummel durch den Tiergarten – von der Lichtensteinbrücke aus ist die Capt'n Schillow auf Uferwegen links und rechts des Landwehrkanals zu erreichen – wären ein Imbiß an Deck oder, wenn es schon auf den Abend zugeht, ein gepflegtes Essen im Bauch des Restaurantschiffes eine kurzweilige und entspannte Unternehmung.

Adresse: Straße des 17. Juni 113, 10623 Berlin, Tel.: +49 (0)30 31505015, www.capt.schillow.de
Öffnungszeiten: Mo-Fr 12-23 Uhr, Sa +So 10-23 Uhr; im Winter Mo + Di Ruhetag
Verbindung: S5, S7, S9, S75 Tiergarten

…n zwischen …um- und Elsenbrücke

Das Friedrichshainer Spreeufer hat mit dem Osthafen einen der lebendigsten und schönsten Flusszugänge, die sich im Stadtgebiet finden lassen. Schmal nur, aber auf ein bis zwei Kilometer Länge, schieben sich die Hafenanlagen zwischen den Fluss und die sechsspurige Verkehrsachse, die die Spree von der Jannowitzbrücke bis zur Stralauer Halbinsel eskortiert. Es gibt zwar noch Pförtnerhäuschen, doch der Besucher gelangt unbehelligt zu den Bahngleisen, Speichern, Lagerhäusern, Verladerampen und zu den großen Laufkränen, die Lastschiffe mit Schrott oder Baustoffen beladen. Eins der zwei backsteinernen Verwaltungsgebäude, das alte Arbeiterspeisehaus war lange eine freundliche Hafen-Kantine, die zur Spree hin einen kleinen Sommergarten unterhielt. Der Fluss ist in diesem Abschnitt stattlicher und mit den Einmündungen von Flutgraben und Landwehrkanal am gegenüber liegenden Kreuzberg-Treptower Ufer auch lebendiger als anderswo. Vor der Wende war der Hafen ein wichtiger Umschlagplatz für die Großbaustellen am Ostberliner Stadtrand. Heute ist die Betriebsamkeit auf ein beschauliches Maß zurückgegangen und verschmilzt mit der Stimmung des Flusses zu einem melancholischen Abgesang auf die industrielle Arbeitswelt.
Das für 2007 vorausgesagte Ende des Industrieidylls zwischen Oberbaum- und Elsenbrücke ist längst eingetreten. Musik- und Modebranche haben sich über die alten Gebäude hergemacht und sie in Studios, Showrooms, Lofts und Bistros verwandelt. Die Symmetrie der alten Anlage – zwei mittlere Verwaltungsbauten und links und rechts die flachen, lang gestreckten Lagerhäuser – ist durch neue Blöcke und gläserne Anbauten verloren. Aber wer der oben beschriebenen alten Hafenkantine nachtrauert, der mag sich mit dem 2002 in das ehemalige Eierkühlhaus eingezogenen Musikkonzern Universal trösten. Dessen Kantine ist öffentlich zugänglich und gehört, was Innenarchitektur und die herrliche Lage über der Spree anlangt, zu den schönsten Kantinenorten der Stadt.

Adresse: Stralauer Allee 2-16, 10245 Berlin
Verbindung: U1, U15 Schlesisches Tor; Bus 347 Oberbaumbrücke

Historischer Hafen am Märkischen Ufer

Der Seitenarm, der an der Südwestspitze der Spreeinsel vom Hauptstrom abzweigt, wurde ab 1681 von holländischen Facharbeitern zur Friedrichsgracht ausgebaut. „Nirgends", schrieb Franz Hessel in den 20er Jahren, „ist die Spree so sehr wie in dieser Gegend ein Teil der Stadtlandschaft geworden und geblieben." Adolph Menzel hatte den Zauber dieser Hafenlandschaft schon 70 Jahre früher in seinem Bild *Mondschein über der Friedrichsgracht* eingefangen und auch heute noch hat das Ufer zwischen Insel- und Roßstraßenbrücke mit seinen sechs, sieben alten Häusern und der kleinen hier festgemachten Flotte historischer Schiffe die Züge einer Wasserstadt. Gegenüber liegt die Fischerinsel mit ihren grün unterpflanzten Hochhäusern, denen das andere Grachtenufer und der gesamte Fischerkiez 1969 zum Opfer fielen. Nur eines der alten Häuser, die Friedrichsgracht 15 mit der Altberliner Freitreppe, ist auf der anderen Seite als Märkisches Ufer 12 wieder aufgebaut worden. Unterhalb der Inselbrücke, um die herum jedes Jahr am letzten Augustwochenende das Hafenfest gefeiert wird, liegt zwischen den zu zweit und zu dritt aneinander gedrängten Schiffen das Museumsschiff *Anna-Angelika*. In ihrem Bauch hat die Berlin-Brandenburgische Schifffahrtsgesellschaft e.V. eine Ausstellung über die Binnenschifffahrt auf Spree und Havel mit Schiffsschrauben, Anschlagkrallen, Schlepphaken und originaler Schiffsküche mit Schlafstube eingerichtet. Ein paar Decks weiter liegt, über schwankende Planken zu erreichen, das Bistro- und Caféschiff *Deckshaus*. Den Schiffsverkehr an der Mühlendammschleuse und die Flussufer mit Rem Koolhaas' niederländischer Botschaft oder der trutzigen Rückfront des Marstalls im Blick, lassen sich hier leicht ein, zwei Stunden verbummeln. Unter einer prächtigen alten Kastanie an der Spitze der Fischerinsel hat die Berlin-Brandenburgische Schifffahrtsgesellschaft, die auch Initiatorin des Historischen Hafens ist, ihre Anlegestelle. Von hier aus kann man mit einigen der historischen Schiffe zu wundervoll individuellen Fahrten aufbrechen.

Adresse: Berlin-Brandenburgische Schifffahrtsgesellschaft e.V., Märkisches Ufer, Postfach 141526, 10149 Berlin, Tel.: +49 (0)30 21473257, www.historischer-hafen-berlin.de
Verbindung: U2 Märkisches Museum; Bus 147, 248 U Märkisches Museum/Inselstr.

Schildhornsäule

Über die Havelchaussee und die Straße am Schildhorn gelangt man, vorbei an dem gleichnamigen historischen Wirtshaus, zu der im Westen des Grunewaldes gelegenen Halbinsel Schildhorn. Zwei steinerne Treppen vom Ufer her und ein Kammweg führen zur hoch über der Havel, inmitten eines Kiefernhains, aufgestellten Schildhornsäule. Sie war eine 1845 entstandene Auftragsarbeit Friedrich Wilhelms IV. an den Architekten Friedrich August Stüler. Die 1945 zerstörte und 1954 wieder restaurierte Skulptur stellt einen stilisierten, von einem Kreuz bekrönten Baum dar, an dem der Schild eines Kriegers hängt. Sie illustriert den Legendenstoff um die Bekehrung des Wendenfürsten Jaczo zum Christentum. Nach einer vernichtenden Niederlage gegen Albrecht den Bären bei Kladow sei Jaczo auf der Flucht an die, bei den Pichelbergen zu einem See ausufernde, Havel geraten. Von den Verfolgern bedrängt, habe er sein Pferd in den Fluß getrieben und gelobt, da seine Götter ihn verlassen hätten, Christ zu werden, wenn deren Gott ihn retten würde. Als er glücklich das Ufer erreicht hatte, habe er Schild und Horn an einen Baum gehängt – wonach die Landzunge ihren Namen und die Säule ihre Gestalt erhielt – und sein Gelöbnis erfüllt. Die Schildhornsäule ist wie die wirkungsvollen Bauten der St.-Peter und Paul Kirche in Nikolskoe und der Sakrower Heilandskirche Teil einer sakralen Landschaft, die der König entlang der Havel anlegen ließ und in der sich seine romantische Idee vom Christentum und seiner Verteidigung und Verherrlichung abbildet.

Adresse: Straße am Schildhorn 14193 Berlin
Verbindung: S9, S75 Pichelsberg; Bus 218 Schildhorn

Stralauer Spreepromenade

Die Halbinsel Stralau, zwischen Spree und Rummelsburger See, ist für die Berliner schon seit Jahrhunderten ein Ausflugsziel. Eine besonders schöne der neuerdings zahlreicher werdenden Spreepromenaden führt um die Spitze der Halbinsel herum. Sie bietet einen Blick auf zwei vorgelagerte Inseln, die Liebesinsel, der Paul Linke einen Schlager gewidmet hat, und den Kratzbruch. Dann zeigt sich das Ufer am Plänterwald und gegenüber vom Treptower Park geht der Weg in den Friedhof der Stralauer Dorfkirche über, der mit seinen der Spree zugewandten Sitzbänken hübsche Aufenthaltsplätze bietet. Die im Krieg schwer beschädigte und später wieder aufgebaute Dorfkirche ist berühmt für Berlins einzige Reste spätgotischer Glasmalerei.

In den Sommermonaten kann man die Kirche, mit etwas Glück, an den Sonntagen zwischen 11 und 15 Uhr geöffnet finden. Das ganze Jahr über wird sie am ersten und dritten Sonntag des Monats zu den Gottesdienstzeiten von 10 bis 11 Uhr und am vierten zur Zeit des Konzerts, um 17 Uhr, geöffnet. Wer werktags hier vorbeikommt, kann versuchen, den Friedhofsarbeiter zu finden und ihn bitten, die Kirche aufzuschließen.

Adresse: Alt-Stralau, Tunnelstr., 10245 Berlin
Verbindung: S8, S9, S41, S42 Treptower Park; Bus 104, 347 Tunnelstr.

Baukunst und Skulpturen

Ehemaliges Universum-Kino

Motorhauben, Schiffsrümpfe und Flugzeugflügel standen Pate für die hochdynamischen Architektur-Schöpfungen Erich Mendelsohns. Das 1927 bis 1928 am oberen Kurfürstendamm entstandene Universum-Kino, in dem heute die *Schaubühne am Lehniner Platz* spielt, gilt als ein Höhepunkt im Werk des Meisters des bewegten Bauens. Es brannte in den letzten Kriegstagen aus und machte, wieder aufgebaut, in den späten 60er Jahren noch als Beatschuppen und Musicaltheater von sich reden. Dann kamen erste Abrissspekulationen auf. Die Suche der *Schaubühne am Halleschen Ufer* nach einem größeren Spielort rettete den Mendelsohn-Bau buchstäblich in letzter Minute. Allerdings waren die vom Theater geforderten baulichen Veränderungen so umfangreich, dass die Umbauarbeiten, die von 1978 bis 1981 dauerten, tatsächlich einem Abriss und anschließenden Wiederaufbau gleichkamen. *Der Tagesspiegel* glossierte den Vorgang mit der Frage: „Hat man ein Baudenkmal gerettet, indem man es abreißt, weil es ohne die neue Nutzung nicht zu retten war und ohne Abriss nicht zu nutzen?"
Das spitz auf den Kurfürstendamm zulaufende, einem gewaltigen Reklame-Ausleger ähnelnde Bauwerk, ist eines der sieben Berliner Baudenkmale des großen jüdischen Baumeisters, der 1933 Deutschland verließ. Zwischen Kassenhalle und Theater-Shop liegt das *Café Schaubühne*, ein unprätentiöser Ort mit zahlreichen Tischen im Freien, von dem aus sich entspannt das Treiben auf dem *Kudamm* verfolgen lässt.

Adresse: Kurfürstendamm 153, 10709 Berlin
Verbindung: U7 Adenauerplatz; Bus M19, M29 Lehniner Platz

ner-Klosterkirche

Die Kirche des Franziskanerklosters stammt in ihren ältesten Teilen aus der Mitte des 13. Jahrhunderts und ist trotz ihrer Ruinengestalt das schönste Bauwerk der Gotik in Berlin. 1574 wurde das Kloster in das Gymnasium im Grauen Kloster umgewandelt. Es brachte mit den Bellermanns eine eigene Lehrerdynastie hervor und berühmte Schüler, wie Friedrich Schleiermacher, Karl Friedrich Schinkel oder Otto von Bismarck. Der legendäre Ruf der weiter bestehenden Schule wird anderenorts in der Stadt noch heute gepflegt. 1945 wurde die Kirche schwer beschädigt und nach dem Krieg als Ruine erhalten. Ihre Lage, nahe des Alexanderplatzes, verstärkt noch ihre dramatische Wirkung, da der Blick durch die dach- und fensterlosen Mauern direkt auf die Riesengestalt des Fernsehturms fällt. 1992 hat sich der Förderverein Klosterruine e.V. gegründet, der sich für die künstlerische Nutzung des atmosphärisch wirkungsvollen Gemäuers einsetzt. Während der Sommermonate finden hier Musik- und Theateraufführungen, Lesungen und Ausstellungen unter freiem Himmel statt.

Dieses Kulturmanagement hat auch einen negativen Effekt. Der früher undefinierte, öffentliche Raum, zu dem man sich verlaufen und den man wie ein individuelles Fundstück im Stadtraum genießen konnte, beginnt unter der Last der Kulturevents zu ächzen und der Stadtwanderer steht häufig vor verschlossenen Toren. So ist die Ruine zwischen Mitte November und Mitte April ganz geschlossen. Von der Klosterkirche führt ein schöner kurzer Weg entlang alter Stadtmauerreste an der Waisenstraße, vorbei an der historischen Gaststätte *Zur letzten Instanz*, über den Hof der Parochialkirche zu dieser anderen großen Kirchenruine.

Adresse: Klosterstr. 73A, 10179 Berlin, Tel.: +49 (0)30 6361213, www.klosterruine-berlin.de
Öffnungszeiten: Im Sommer tgl. außer montags 12 - 18 Uhr und zu den Veranstaltungen
Verbindung: U2 Klosterstr; Bus 248 Berliner Rathaus

Kirche am Hohenzollernplatz

Fritz Högers eindrucksvoller Klinkerbau, in den Jahren 1930 bis 1933 entstanden, ist mit steil aufsteigenden Mauern und schlankem, hohem Turm auf Fernsicht angewiesen. Aus zu großer Nähe wirkt das Bauwerk einschüchternd. Wie um die Monumentalität der Fassaden zu mildern, hat der Meister und Liebhaber der dunkelroten Klinker vergoldete Steine und Fugen als dekorative Zugaben verwendet. Auch die Eingangsfront ist gewaltig, doch erscheinen hier die Steinmassen der Freitreppe und der halbrund auslaufenden Seitenschiffe leichter und wie im Spiel aufeinander getürmt. Sie rahmen und bilden den Weg zum spitz ausgeschnittenen, Gold umschimmerten Eingang. Dreizehn steile Spitzbögen aus Stahlbeton umfassen auch das Kircheninnere, einen leichten, fast zierlichen und in der Höhe verschwimmenden Raum. Die reiche Innenausstattung ist nach den starken Zerstörungen des Zweiten Weltkrieges leider nicht wieder hergestellt worden.

Eine eigene Geschichte ist die Namensgebung der Kirche. Höger hatte sein Bauwerk in poetischer Verbeugung vor dem nationalsozialistischen Zeitgeist, dem er bedenklich nahe stand, *Dom des deutschen Frühlings* nennen wollen. Die Mitglieder des Gemeindekirchenrats, die davor mit Recht zurückschreckten, wählten den etwas blassen heutigen Namen nur als Interimslösung. Irgendwann vergaß man die Geschichte oder man verlor angesichts des neu aufgekommenen Spitznamens, der den Backsteinbau als *Kraftwerk Gottes* bespöttelte, den Mut, einen neuen Namen zu suchen.

Samstags um 12 Uhr, wenn auf dem Vorplatz der Wochenmarkt in Farben und Düften schwelgt, laden die Glocken zum *NoonSong* in die Kirche ein. Acht Sängerinnen und Sänger des Vokalensembles *sirventes berlin* lassen in einem halbstündigen musikalischen Gottesdienst die A-Capella-Werke Alter und Neuer Meister erklingen.

Adresse: Hohenzollerndamm 202, 10717 Berlin, Tel.: +49 (0)30 8731043, www.noonsong.de
Öffnungszeiten: Sa 12 Uhr
Verbindung: U1 Hohenzollernplatz; Bus 249 U Hohenzollernplatz

Kino Babylon

Das letzte Berliner Großkino aus den 20er Jahren wurde seit 1992 wegen Baufälligkeit des großen Saales nur noch im Foyer bespielt. Dass es nach fast zehnjährigem Provisorium und aufwendiger Sanierung mit großem Saal und Studiokino wieder eröffnen konnte, erscheint heute vielen, angesichts der Kinoschließungen der 90er Jahre, fast wie ein Wunder. Das Babylon wurde von 1927 bis 1929 auf dem Terrain des legendären, zwanzig Jahre zuvor abgerissenen, Scheunenviertels errichtet und war Teil der von Hans Poelzig geschaffenen Randbebauung des damaligen Bülowplatzes. Mit seinen 1299 Plätzen galt es als eines der schönsten Rangkinos Berlins. Der Architekt und Kinoenthusiast hatte, neben zwei weiteren Kinos, auch die Entwürfe für die aufwendigen Filmbauten in Paul Wegeners *Der Golem, wie er in die Welt kam* geschaffen. Mit eben diesem Film und einer um zwei Drittel geschrumpften Plätzezahl beging das Kino im Mai 2001 seine Wiedereröffnung. Neben seinem Filmprogramm ist das Kino auch Schauplatz für Dichterlesungen, die ein entsprechend großes Publikum erwarten lassen.
Kommunale Betreiber, Denkmalbehörde und Bezirkspolitiker haben sich für die Erhaltung des Babylon und der gesamten städtebaulichen Anlage des heutigen Rosa-Luxemburg-Platzes eingesetzt. Davon hat die Berliner Kinolandschaft profitiert, aber auch die Stadtlandschaft, der in diesem Teil des Bezirkes Mitte das gesichtslose städtebauliche Lifting erspart blieb, für das der Bezirk längst sprichwörtlich geworden ist.

Adresse: Rosa-Luxemburg-Str. 30, 10178 Berlin, Tel.: +49 (0)30 24727801 www.babylonberlin.de
Verbindung: U2 Rosa-Luxemburg-Platz; Bus 240 u.Tram M8 U Rosa-Luxemburg-Platz

BABYLON
STUDIO-KINO

Mittelhof und Zentrum Moderner Orient

Der Mittelhof, eine äußerlich schlichte, eingeschossige Anlage ist trotz seines Gehöftcharakters mit der mehr als 70 Meter langen, von Birken bestandenen Auffahrt und der großen Zahl von Zimmern, die er einschließt, als rein private, landhausartige Familienresidenz entworfen worden. Die Flügel des 1914 bis 1915 von Hermann Muthesius errichteten, schiefergedeckten Ziegelbaus wurden um den, damals mit einem Brunnen geschmückten, Mittelhof und einen kleineren, später verglasten Lichthof gruppiert. Mit dem umgebenden Garten ist das Grundstück Teil der *Rehwiese*, eines Grünzuges, der den Ortsteil Nikolassee von der Südspitze des Schlachtensees bis zur Potsdamer Chaussee durchzieht.
Seit 1997 nutzt das *Zentrum Moderner Orient*, das die Länder des Nahen Ostens, Südasiens und Afrikas erforscht, das repräsentative Haus. Es veranstaltet öffentliche Kolloquien und unterhält mit seiner umfangreichen, frei zugänglichen Präsenzbibliothek, den vielleicht schönsten Bibliotheksort der Stadt. Durch diese Nutzung kann auch das Bauwerk selbst besichtigt werden, das handwerklich und architektonisch zu den bedeutenden Landhausgestaltungen Berlins zählt.

Adresse: Kirchweg 33, 14129 Berlin, Tel: +49 (0)30 803070, www.zmo.de
Öffnungszeiten Bibliothek: Mo 9-15.30 Uhr, Di, Mi, Do 9-17 Uhr, Fr 9-13 Uhr
Verbindung: S1, S7 Nikolassee; Bus 112 S Nikolassee, Bus 118 Waldhausklinik

DER MITTELHOF

m Treptow

torium in Treptow ist, neben seiner alltäglichen Bestim- Mekka für Freunde und Studenten zeitgenössischer Architektur aus aller Welt geworden. Es entstand in den Jahren 1996 bis 1998 nach Plänen des Büros Axel Schultes und Charlotte Frank, die auch – das sollte die Neugier nicht mindern – das Kanzleramt entworfen haben. Mehr als das Gebäude selbst fasziniert der umbaute Raum, das Innere, die hohe Halle, die Vergleiche mit Stonehenge, dem ägyptischen Karnak oder der Moschee von Cordoba herausgefordert hat. Neunundzwanzig marmorglatte Betonsäulen wachsen wie Bäume, unregelmäßig im Raum verteilt, aus dem Boden und gliedern die rechteckige Totenhalle. Ihre Häupter werden, wo sie die Decke durchstoßen, von kreisrunden Kapitellen aus Tageslicht gekrönt. In der Mitte des gewaltigen Säulenhains ruht ein rundes Becken mit spiegelglatter Wasserfläche.

Das Zusammenwirken von konzeptueller Klarheit, Material und Licht ist verblüffend und lässt mit den motivischen Anleihen aus den Kulturen der Welt ein einzigartiges Raumerlebnis entstehen. Die Architekten sind mit diesem Bauwerk unter den wenigen zeitgenössischen Baumeistern, die sich an die Interpretation des Sakralen wagen – mit Erfolg, wie andächtige und staunende Besucher und Nutzer des Gebäudes bezeugen können.

Adresse: Kiefholzstr. 221, 12437 Berlin, Tel.: +49 (0)30 63958121
Öffnungszeiten: Mo-Fr 9-15 Uhr
Verbindung: S8, S9, S46, S47 Baumschulenweg; Bus 166 Krematorium Baumschulenweg

markthalle

Eingänge führen aus der Bremer Straße, der Arminius-, der Bugenhagen- und der Jonasstraße in die größte der drei noch erhaltenen Altberliner Markthallen. Die Arminiushalle wurde 1891 als Markthalle X eröffnet und ist, wie die auch noch erhaltene, aber fremd genutzte Ackerhalle, ein Werk des Stadtbaurates Hermann Blankenstein. Er errichtete in den 80er und 90er Jahren des 19. Jahrhunderts eine große Zahl von Schulgebäuden und die Mehrzahl der Markthallen, zumeist in Ziegelbauweise. Von den elf verbliebenen Hallen wurden während des Zweiten Weltkrieges fünf völlig und die anderen teilweise zerstört. In Kreuzberg stehen mit der wieder auflebenden Eisenbahnhalle mit Eingängen in der Eisenbahnstraße und der Pücklerstraße und dem schönen Eingangsgebäude zur ehemaligen Markthalle VII in der Dresdener Straße 27 zwei weitere Beispiele dieser auch heute noch beeindruckenden Architektur.
Die Arminiushalle wies nach dem Krieg die geringsten Schäden auf. Der pavillonartige Glasaufbau über dem Haupteingang und die prachtvollen Rundbogenarkaden am Arminiusplatz sind allerdings verloren. Nach der aufwendigen Restaurierung Ende der 80er Jahre bietet das denkmalgeschützte Gebäude heute ein bemerkenswertes Einkaufs- und Kommunikationserlebnis. Übliche Marktstände, die mit Bar- und Restaurantbereichen wechseln, eine Brauerei, Weinverkostungen und samstägliche Speise- und Musikereignisse ergeben eine lebendige, ausgesprochen kieznahe Mischung.

Adresse: Arminiusstr. 2-4, 10551 Berlin, http://arminiushalle.zunftnetz.org
Öffnungszeiten: Mo-Do 7.30-18 Uhr, Fr 7.30-19 Uhr, Sa 7.30-14 Uhr
Verbindung: U9 Turmstraße; Bus 101, 123, 245, M27 Rathaus Tiergarten

Beton-Cadillacs am Kurfürstendamm

Dem Rathenauplatz, einem städtebaulichen Unort am oberen Kurfürstendamm, hat der Künstler Wolf Vostell zum 750. Geburtstag Berlins mit zwei in ein Betonmonument eingegossenen Cadillacs ein Zentrum und einen Stein jahrelangen Anstoßes geschaffen. Der dem Namen eines berühmten Goya-Gemäldes nachgebildete Titel *2 Beton-Cadillacs in Form der nackten Maja* lässt ahnen, auf welche Portion Spott und Selbstbespiegelung sich der Betrachter einlassen muss. Das 1987 aufgestellte, in vielfacher Weise mit gerade in Westberlin wirksamen deutsch-amerikanischen Identifikationen spielende Kunstwerk, kommentiert die Blechlawine, die den Kurfürstendamm an seinem westlichen Ende in Richtung Stadtautobahn verlässt, bzw. von ihr in die Prachtstraße einmündet.

Es war eine der widerspruchsvollsten, in den 80-er Jahren auf dem *Kudamm* platzierten Plastiken, der sich unter Federführung des Kultursenators in einen Skulpturenboulevard wandeln sollte. Aber anders als Olaf Metzels aus Absperrgittern, Pflastersteinen und einem Einkaufswagen komponiertes *Randaledenkmal*, das von der Kreuzung Kurfürstendamm, Joachimsthaler Straße verschwand, jahrelang eingelagert wurde und sich heute in Privatbesitz am Osthafen wiederfindet, erwies die Vostell-Skulptur trotz verschiedener um ihren Abriss bemühter Bürgerinitiativen und Verbände ihre Standfestigkeit. Jahrzehnte nach ihrer Aufstellung ist die kritische Potenz der Cadillacs unabweisbar und Vostells Auseinandersetzung mit dem Auto als Fetisch-Objekt und „größter Skulptur im 20. Jahrhundert“ immer noch produktiv.

Adresse: Rathenauplatz, 10711 Berlin
Verbindung: S4 Halensee; Bus 104, M19, M29 Rathenauplatz

Gipsformerei
Staatliche Museen zu Berlin

Die 1819 gegründete Gipsformerei, deren erster Leiter der Bildhauer Christian Daniel Rauch war, ist die älteste Institution der Staatlichen Museen zu Berlin. Sie befindet sich heute in einem vier Stockwerke hohen und elf Fensterachsen breiten, schmucklosen Fabrikgebäude.

Im Gegensatz zu seinem Äußeren beherbergt der 1889 bis 1891 mit zwei rückwärtigen Seitenflügeln errichtete Bau ein wahres Archiv der Weltkulturen, dessen Wert nur schwer abzuschätzen ist. Ein hundert Quadratmeter großer Schauraum gibt eine Vorstellung von Umfang und Vielfalt des gegenwärtig 7800 Stücke zählenden Formenbestandes der Gipsformerei, die neben der des Pariser Louvre die weltweit größte derartige Sammlung ist. Von winzigen, nur Zentimeter messenden, Siegelsteinen bis zu überlebensgroßen, tonnenschweren Figurengruppen wird auf Kundenwunsch alles abgeformt, was der Bestand des Hauses zu bieten hat. Zu kunstgeschichtlich bedeutenden Ländern und Epochen – Ägypten, Vorderasien, Antike Freiplastiken, Christliche Epochen, etc. – gibt es Angebotskataloge.

Die Bedeutung der Sammlung wächst in dem Maße, wie Originale durch Katastrophen verloren gehen oder durch Umwelteinflüsse geschädigt werden. Im Unterschied zu den archäologischen und kunsthistorischen Artefakten spielt für den Wert der Abformungen vor allem die Größe der Objekte eine Rolle. Kleine, nur einige Zentimeter große Figürchen können weniger als 100 € kosten. Bedenken, die einem bei der beliebigen Vervielfältigung des Weltkulturerbes kommen könnten, verfliegen mit der verführerischen Idee, durch die Museen zu wandeln, sich sein Lieblingsstück auszusuchen und es dann als Gipsabguss, weiß oder koloriert, zu erstehen. Jeden ersten und dritten Mittwoch des Monats, um 10 Uhr, kann man bei einer kostenlosen Führung die Gipsformer und Maler bei der Arbeit erleben und einen Blick in die bis unter die Decke mit ältesten Gussformen gefüllten Lagerräume werfen.

Adresse: 14059 Berlin, Sophie-Charlotten-Str. 17-18, Tel.: +49 (0)30 3267690, gf@smb.spk-berlin.de
Öffnungszeiten: Mo-Fr 9-16 Uhr, Mi 9-18 Uhr
Verbindungen: S41, S42, S46 Westend; Bus 145, 309 Sophie-Charlotten-Straße

Fabrik- und Wohnhöfe

Riehmers Hofgarten

Der von dem Maurermeister Wilhelm Ferdinand August Riehmer in mehreren Bauabschnitten zwischen 1881 und 1899 errichtete Hofgarten verwirklichte schon vor 100 Jahren den Traum vom ruhigen, beschaulichen Wohnen inmitten der Großstadt. Um einen parkartigen, verkehrs- und lärmberuhigten Innenhof gruppierte Riehmer achtzehn fünfgeschossige Wohnhäuser, die durch eine Privatstraße erschlossen werden. Straßen- und Hoffassaden wurden gleich aufwendig gestaltet. Nur nach ihrem Entstehungsjahr variieren sie von sparsameren spätklassizistischen zu reicheren Formen der Renaissance. Die berüchtigten Berliner Hinterhöfe, grau, eng, lichtarm und vier oder fünf davon hintereinander, sind dem Hofgarten fremd.

Wer den Block zwischen York-, Großbeeren-, Hagelberger Straße und Mehringdamm – außer von der letzten kann man ihn von jeder dieser Straßen betreten – durchwandert, wird die Schönheit und Ruhe des Hofraumes direkt neben dem lärmigen Straßenland wie ein Geschenk empfinden. In den 80er Jahren wurde anstelle des kriegszerstörten linken Seitenflügels der Yorckstraße 85/86 willkürlich ein moderner Neubau in den Hofgarten eingefügt, der die Einheit der schönen, schon seit 1953 unter Denkmalschutz stehenden, Anlage stört.

Adresse: Yorkstr. 83-86, Hagelberger Str. 9 und 12, Großbeerenstr. 56-57, 10965 Berlin
Verbindung: U6, U7 Mehringdamm; Bus M19, 140, 248 U Mehringdamm

ERBAUT

Mutter Fourage

Südliche Requisiten schmücken heute den hundertjährigen Fouragehof aus den Gründungstagen des Ortsteils Wannsee, in dem noch in den 70er Jahren Saatgut und Futtermittel gehandelt wurden. Töpfe und Statuetten aus italienischer Terrakotta, Weinpflanzen und Zitronenbäumchen liegen wie eine zweite Schicht über dem grob gepflasterten Dorfidyll. Im Naturkostladen und im Café, die in die ehemaligen Stallungen eingezogen sind und in der Hofgärtnerei mit Topfpflanzen, Tonwaren, Körben und Gartenmöbeln ist der Geist des ländlichen Gewerbehofes noch lebendig. Der heutige Besitzer, Schauspieler und Enkel des Futtermittelhändlers, hatte mit der Gründung der Galerie Mutter Fourage mehr im Sinn, als dieses märkisch-mittelmeerische Ambiente zu schaffen. Eine dichte Veranstaltungssaison, gerahmt von üppigen Marktfesten im Frühjahr und Herbst, ist das Herzstück der Unternehmung. In einer zur Galerie umgebauten Remise und der großen Scheune werden Ausstellungen eingerichtet, Konzerte, Lesungen und Theatervorstellungen gegeben.

Die Galerie betreut mit Vorliebe Kunst- und Kulturthemen, die hier im südwestlichsten Zipfel Berlins ihre Wurzeln haben. So hat sie auch ihren Anteil daran, dass die Villa Max Liebermanns am Großen Wannsee aus ihrem Dornröschenschlaf geweckt und in einen der schönsten Museumsorte Berlins verwandelt werden konnte.

Adresse: Chausseestr. 15A, 14109 Berlin, Tel.: +49 (0)30 8052311, Cafe +49 (0)30 80583283
Öffnungszeiten: Galerie Do, Fr 14-18 Uhr, Sa, So 10-17 Uhr, Hofcafé tgl. 10-18 Uhr
Verbindung: S1, S7 Wannsee; Bus 118, 316, 318 Rathaus Wannsee

Deutsches Architektur Zentrum

Wie ein Phönix aus der Asche erstand 1995 zwischen Köpenicker Straße und südlichem Spreeufer, unweit des Heizkraftwerkes Mitte und in der Nachbarschaft von Industriebrachen und maroden Gewerbehöfen, das Deutsche Architektur Zentrum. Architekten, Landschaftsarchitekten, Stadtplaner und ihre Verbände, dazu Ingenieure, Künstler und Designer waren unerschrocken genug, den zu Beginn des 20. Jahrhunderts errichteten Gewerbehof zu beziehen, der nach der Wende ein bisschen im Nirgendwo lag. Alte Narben und die weiß und grün glasierten Ziegelfassaden wurden bei der sorgfältigen Sanierung des Komplexes erhalten. Dazu kamen zur Spree hin neue Anbauten und über allem ein neues Geschoss mit leicht wirkender stählerner Dachkonstruktion, die ein schönes modernes Pendant zum romantisch-arbeitsweltlichen Fabrikhof bildet. Dem repräsentativen, aus Glas und Stahl gestalteten, Entrée folgen im Inneren noble Industrieästhetik und großzügige Kommunikationsräume. Im *Scharoun-* und im *Taut-Saal* finden regelmäßig Ausstellungen und öffentliche Gesprächsrunden zu Fragen der Architektur und Stadtentwicklung statt.

Auf dem Weg durch die Hoflandschaft gelangt man unfehlbar zum Bistro im DAZ, das einladend einen der Höfe bestuhlt hat und auch Mittagstisch anbietet. Über zwei behelfsmäßige Auffahrten mit dem Hinweisschild *DAZ 48 49* gelangt man von der Köpenicker Straße aus zu dieser gelungenen Alt-Neu-Architektur.

Der Raum zur Spree hin, der, ursprünglich mit freizeitverdächtigem ruderalem Grün überzogen, sich mit Neubauten zu füllen beginnt, zeugt, sicher widersprüchlich, von der Quatieraufwertung, die die Ansiedlung des Architektur Zentrums hier bewirkt hat.

Adresse: Köpenicker Str. 48/49, 10179 Berlin, Tel.: +49 (0)30 27879928, www.daz.de
Öffnungszeiten: Scharoun- und Taut Saal: Di-Fr 12-19 Uhr, Sa/So 14-19 Uhr
Verbindung: U8 Heinrich-Heine-Straße; Bus 147 Köpenicker Str./Adalbertstr.

genfabrik

Auf die schrillbunte Einfahrt folgen die Hofgebäude in der Form eines auf den Kopf gestellten L: zuerst der lange Schenkel mit Töpferei, Kita, Tischlerei, Kino, Fahrradwerkstatt und im Winkel der hohe Fabrikschornstein. Ihm und den Fabrikremisen aus der Gründerzeit verdankt die Anlage ihren Denkmalstatus. Am kurzen Schenkel liegen Küche, Kantine und das Hostel, das, ungewöhnlich preiswert, vorwiegend junge Leute aus aller Welt anzieht. Bekrönt wird es von einem neuen Obergeschoss mit Balkon.

Anfang der 80er Jahre, als die Bewohner das Gelände der leer stehenden ehemaligen Chemiefabrik besetzten, hätten sie den Balkon noch weggelassen – zu bürgerlich. Den Raum zwischen den Gebäuden füllen Bäume in erstaunlicher Zahl, die offensichtlich in heilender Absicht in die geschundene Erde der alten Fabrikanlage gepflanzt wurden. Dazwischen stehen Spielgeräte, die es mit den Kita-Kindern in dem Film *Der ewige Gärtner* mit Ralph Fiennes zu gewisser Berühmtheit gebracht haben. Ungezählte Begrünungs-, Renovierungs- und Bebauungsdurchläufe haben dem Ort Zug um Zug das Gesicht eines Gartenhofes abgerungen, der zwar nie ganz fertig zu werden scheint, aber als Spielplatz und Arbeitsstätte, nachbarschaftlicher Treff und Festlokalität seinen festen Platz in dem Kiez am südlichen Rand Kreuzbergs gefunden hat.

Kultureller Höhepunkt der Unternehmung ist zweifellos das für seine Programmgestaltung mehrfach ausgezeichnete Regenbogenkino. Es gehört mit dem FSK, dem Eiszeit, dem Moviemento und dem Sputnik zu der Handvoll Berliner Spielstätten, an denen noch Kino nicht Kasse gemacht wird.

Adresse: Lausitzer Straße 22, 10999 Berlin, Tel.: +49 (0)30 6957950, www.regenbogenfabrik.de
Verbindung: U1 Görlitzer Bahnhof; Bus M29 U Görlitzer Bhf

KINO

Spirituelle Orte und Denkmale

Raum der Stille am Brandenburger Tor

Im nördlichen Torhaus des Brandenburger Tores wurde 1994 ein Raum der Stille eröffnet. Er ist von einem berühmten Vorläufer inspiriert, dem Meditationsraum, den der 1961 verunglückte schwedische UNO-Generalsekretär Dag Hammarskjöld für seine Mitarbeiter und für sich im UNO-Gebäude in New York einrichten ließ. Die Initiative zu dem Berliner Projekt geht auf Ostberliner Christen und die Zeit vor dem Mauerfall zurück; Menschen verschiedener Religionen und Kulturen halfen dann die Idee ins Leben zu bringen. Das Brandenburger Tor, lange Zeit Teil der Grenzanlagen und architektonisches Wahrzeichen der geteilten Stadt, zudem Verkehrsnadelöhr und Touristenmagnet, findet in dem Raum der Stille einen spannenden Gegenpol. Bis auf einige künstlerische Gestaltungen im Vorraum und einen Wandteppich im Raum der Stille ist der Ort weitgehend schmucklos.

Etwa 70 000 Menschen betreten jedes Jahr seit seiner Öffnung diesen Raum. Viele davon betonen in den Besucherbüchern ihre Dankbarkeit und Anerkennung dafür, in der Großstadt solch ein Pendant zu Lärm, Hektik und Agressivität finden zu können. Ehrenamtliche Mitarbeiter halten den Raum über das ganze Jahr hinweg geöffnet.

Adresse: Nördliches Torhaus des Brandenburger Tores, www.raum-der-stille-im-brandenburger-tor.de
Öffnungszeiten: Mrz.-Okt 11-18 Uhr, Nov. 11-17 Uhr, Dez.-Jan. 11-16 Uhr, Feb. 11-17 Uhr.
Verbindung: U55, S1, S2, S25, Bus 100 S+U Brandenburger Tor, Bus 200 Behrenstr./Wilhelmstr.,

Ahmadiyya Moschee

Kurz vor der Einmündung der Berliner Straße in den Hohenzollerndamm wird man an der Ecke Brienner Straße auf die Minarette, Zinnen und die Kuppel aufmerksam, die, weiß getüncht, hinter dichten Bäumen hervorleuchten. Die Ahmadiyya Moschee ist mittlerweile das älteste Bauwerk seiner Art in Deutschland und wurde den Grabmoscheen der indischen Mogulfürsten nachempfunden. Sie entstand in den 20er Jahren nach Plänen des Berliner Architekten K. A. Hermann. Eine frühere, 1915 auf Kosten des Deutschen Reiches für muslimische Kriegsgefangene in Wünsdorf errichtete Moschee war 1930 wieder abgerissen worden. Auftraggeber der Wilmersdorfer Moschee war die Ahmadiyya Anjuman-Religionsgemeinschaft aus Lahore, in deren Reihen auch die Spenden aufgebracht wurden, um das Bauwerk zu finanzieren. Der Bau der zwei 32 Meter hohen Minarette wurde erst möglich, nachdem die Frauen der Gemeinschaft ihren Schmuck verkauft und den Erlös zur Verfügung gestellt hatten. Im Zuge von Kämpfen zwischen deutschen MG-Schützen und auf dem benachbarten Friedhof verschanzten russischen Soldaten zu Ende des Zweiten Weltkrieges wurden die Minarette zu wenige Meter hohen Stümpfen zusammen geschossen. Indische und britische Militärbehörden betrieben den Wiederaufbau der Moschee und erst 1993 nahm sich der Denkmalschutz des Bauwerkes an. Das angeschlossene Wohnhaus wurde saniert und ein Minarett wieder errichtet. Die fertige Haube für den zweiten Turm wartet im Garten, wie um Sponsoren zu ermuntern, weitere Arbeiten zu ermöglichen: die Aufmauerung des Turmes, die Überholung der Kuppel, die Neuanlage des Gartens… Ursprünglich der muslimischen Mission verpflichtet, ist heute die wichtigste Aufgabe des schönen Gebetshauses, das nur einer sehr kleinen eigenen Gemeinde dient, die eines islamischen Informationszentrums. Die Moschee ist regelmäßig zum Freitagsgebet geöffnet. Besuche außerhalb der Gebetszeiten können telefonisch vereinbart werden.

Adresse: Brienner Str. 7-8, 10713 Berlin, Tel.: +49 (0)30 8735703, E-Mail: DieMoschee@aaiil.org
Öffnungszeiten: Fr 13 Uhr (Winter); 13.30 Uhr (Sommer)
Verbindung: U3, U7 Fehrbelliner Platz; Bus 115 Hoffmann-von-Fallersleben-Platz

Buddhistisches Haus in Frohnau

Zehn bis fünfzehn Minuten Fußweg sind es vom S-Bahnhof Frohnau bis zum Buddhistischen Haus am Ende des Edelhofdammes. Eine lange, steile Treppe – die Zahl der Stufen und Absätze steht in Beziehung zur buddhistischen Lehre – führt hinauf zum Tempel. Der 1924 von Max Meyer in ceylonesischen Formen auf der Spitze eines Hügels errichtete Bau und das zweistöckige Bibliotheksgebäude liegen inmitten eines alten Gartenparks. Bauherr und Gründer des Buddhistischen Hauses war der homöopathische Arzt und Schriftsteller Dr. Paul Dahlke, der nach mehreren Asienreisen Buddhist wurde und später Schriften und Übersetzungen zum Theravada-Buddhismus veröffentlichte. Nach 1928, dem Todesjahr Dahlkes, fiel es schwer, die spirituelle Stätte am Leben zu erhalten. Unter den Nationalsozialisten galt die buddhistische Lehre als unerwünscht, das Gebäude verfiel und wurde 1945 geplündert. Erst nachdem die German Dhammaduta Society mit Sitz in Colombo/Sri Lanka 1957 das Haus von den Erben gekauft hatte, zog mit den entsandten Mönchen wieder Leben in die älteste buddhistische Stätte Europas ein und Westberlin erhielt an seinem nördlichsten Rand einen zauberhaft verschwiegenen Ort östlicher Spiritualität. In der modernen buddhistischen Gemeinde Berlins spielten die Mönche aus Sri Lanka und ihr schönes, traditionsreiches Haus nur eine unbedeutende Rolle. Doch nachdem die jüngst drohende Schließung und der Verkauf des Grundstücks abgewendet wurden, könnte die Zeit der nicht ganz freiwilligen Isolation zu Ende gehen. Für Meditation, Kontemplation und Studium steht das Haus mit Tempel, Bibliothek und Garten offen.

Adresse: Edelhofdamm 54, 13465 Berlin, Tel.: +49 (0)30 4015580, www.buddhistisches-haus.de
Öffnungszeiten: Tempel: täglich 9-18 Uhr, Büro und Bibliothek: Di-So 9-18 Uhr, Mo Ruhetag
Verbindung: S1 Frohnau; Bus 125 Konzer Platz

Friedhöfe vor dem Halleschen Tor

Die Friedhöfe vor dem Halleschen Tor gehen auf einen Armenfriedhof aus dem Jahr 1735 zurück und bildeten nach mehrfachen Erweiterungen und Verschönerungen die kulturhistorisch bedeutendste Friedhofsanlage auf Westberliner Gebiet. Zu den schönsten künstlerischen Arbeiten gehören zwei Frauenbildnisse des Jugendstils aus der Hand des Bildhauers Ignatz Taschner. Sie schmücken die Grabsteine des Landschaftsmalers Karl Wilhelm Bennewitz von Loefen und seiner Frau, die links vom Eingang Zossener Straße im Winkel zur Baruther Straße in einem durch hohe Erbbegräbnisse abgeteilten Bezirk aufgestellt worden sind. Auf dem Grabstein des Malers ist medaillonartig das Marmorrelief eines Frauenkopfes mit, von einem Stirnband gehaltenen, langem Lockenhaar eingefügt. Der Stein für Emy Bennewitz von Loefen zeigt einen Mädchenkopf, der, halb in ihm geborgen und halb aus ihm hervor wachsend, durch die stille Schönheit seines Gesichts bezaubert.

Nur wenige Schritte entfernt steht das goldgerandete, schwarze Gusseisenkreuz für Henriette Herz und gerade außerhalb des Gevierts liegt das Grab Rahel Varnhagens, beide christlich getaufte Jüdinnen und große Gestalten der Berliner Salonszene des 18. und 19. Jahrhunderts. Wiederum einige Schritte weiter liegen, vom Eingang Zossener Straße kommend, links des Hauptweges und kurz vor der mittleren Mauer die Grabstätten des Komponisten Felix Mendelssohn Bartholdy, seiner Schwester Fanny Hensel, seiner Eltern und weiterer Familienmitglieder.

Das Blumengeschäft neben dem Haupteingang am Mehringdamm verkauft einen fotokopierten Friedhofsplan, auf dem weitere, insgesamt zweiundzwanzig, prominente Grabstellen markiert sind, darunter die der Dichter E.T.A. Hoffmann und Adelbert von Chamisso oder der Architekten David Gilly und Georg Wenzeslaus von Knobelsdorff.

Adresse: Mehringdamm 21, 10961 Berlin, Tel: +49 (0)30 6916138
Öffnungszeiten: 8 Uhr bis Sonnenuntergang
Verbindung: U6 und U7 Mehringdamm; Bus M41 Brachvogelstr.

Friedhof Heerstraße

Der für alle Konfessionen offene Friedhof Heerstraße ist einer der landschaftlich schönsten Begräbnisorte der Stadt. Er entstand in den 20er Jahren, wahrscheinlich nach Plänen des Charlottenburger Gartendirektors Erwin Barth. Den Landschaftskern des Friedhofes bilden der Sausuhlensee und seine Hänge, die steil zur 20 Meter höher gelegenen Straße ansteigen. Gartengestalterisches Zentrum ist ein großes Rondell aus Eibenhecken südwestlich des Sees mit einem inneren und einem äußeren Ring von Gräbern. Von ihm gehen sternförmig die Hauptwege aus und zu ihm senken sich die Grabreihen in Terrassen herab. Rund um den See lösen sich die strengen Parkformen auf und schöne Wege führen in den östlichen, nach dem Zweiten Weltkrieg hinzugekommenen Erweiterungsteil. Er ist gärtnerisch weniger gestaltet, ganz in Wald eingebettet und ließ die Anlage auf das Dreifache ihrer ursprünglichen Ausdehnung anwachsen. Der Name, des als teuer und vornehm geltenden Friedhofes, ist missverständlich. Er bezieht sich auf die Einwohner der Villenkolonie Heerstraße, für die er ursprünglich geschaffen wurde, nicht auf seine tatsächliche Adresse.

Die Lage im Charlottenburger Westen verbürgt eine große Zahl von Grabstellen prominenter Persönlichkeiten. Eine umfängliche Liste, die man bei der Friedhofsverwaltung oder im Blumenlädchen kaufen kann, enthält viele Namen von Schauspielern, Künstlern und Schriftstellern, darunter Tilla Durieux, George Grosz, Georg Kolbe oder Joachim Ringelnatz. Georg Kolbe entwarf mit der Grabstätte für die eigene Familie auch eines der bedeutendsten Grabmale des Friedhofs. Es besteht aus vier großen Marmorplatten, zwischen die drei feine Säulen gesetzt sind. Die linke steht für Erde, die rechte für Himmel und die mittlere erinnert mit ihren Engelsköpfchen an die schöne, früh verstorbene Frau des Künstlers. Auf der Südseite, am Ende der Insterburgallee, noch nach der S-Bahnbrücke, ist ein weiterer Friedhofseingang. Von hier aus sind es nur wenige Schritte zum Georg-Kolbe-Museum.

Adresse: Trakehner Allee 1, 14053 Berlin
Verbindung: U2 Olympia-Stadion; S9, S75 Olympiastadion

Ave Maria

„Eine Armee, mit der niemand kämpfen kann“, nennen die Inhaber des Ave Maria die himmelblauen Madonnenfiguren, die das Schaufenster ihres Devotionalienladens schmücken. Wer das anziehende Geschäft zum ersten Mal betritt, mag verwundert sein über die Statuen, Kruzifixe, Rosenkränze, Heiligenbildchen – alles Dinge, die man eher im Umkreis einer katholischen Pilgerstätte suchen würde, als im nüchternen Berlin. Das Interesse am spirituellen Wert und am Spielwert dieser traditionellen Glaubensrequisiten wächst aber auch in der protestantischen Hauptstadt. Viele Neugierige, die den wundersamen Laden als eine Art Galerie missverstehen, stecken die Nase herein. Andere wollen ihre Haushaltskerzen durch große Altarkerzen ersetzen, das Angebot christlich-esoterischer Literatur studieren oder Duft und Wirkung des Weihrauchs erproben, von dem hier mehr als 40 Sorten angeboten werden.
Das Gros seiner Kundschaft findet das Ave Maria jedoch unter den Angehörigen der großen katholischen Auslandsgemeinden der Stadt, unter Polen, Südamerikanern, Koreanern und Vietnamesen, die sich hier mit ihren kultischen Gebrauchsgütern versorgen: Räucherbecken, Amulette und Anhänger, Dochte und Schwimmer für ewige Lichte und Räucherharze, die man sich Gramm für Gramm abwiegen lässt und deren schwere, ätherische Düfte die Luft in den Räumen der Devotionalienhandlung würzen.

Adresse: Potsdamer Str. 75, 10785 Berlin, Tel: +49 (0)30 2652284,
Öffnungszeiten: Mo-Fr 12-18 Uhr, Sa 12-15 Uhr
Verbindung: U1 Kurfürstenstr.; Bus M48, M85 Lützowstr./Potsdamer Str.

St.-Michaels-Kirche

Der Schinkelschüler August Soller errichtete die St.-Michaels-Kirche in den Jahren 1851 bis 1861 als zweiten katholischen Kirchenbau der Stadt. Das turmlose, sehr italienisch wirkende Bauwerk, das Theodor Fontane als schönste Kirche Berlins pries, wird von einer zierlichen Kuppel und der Figur des Erzengels Michael gekrönt. Diese von August Kiss geschaffene Figur gibt auch der vor der Kirche liegenden Wasserfläche, dem Engelbecken, seinen Namen. Starke Zerstörungen im Zweiten Weltkrieg und die fatale Lage der Kirche während der Teilung der Stadt im unmittelbaren Grenzbereich haben ihre Spuren hinterlassen. Das rote Backsteinbauwerk ist in seinem Mittelteil eine Ruine. In das offene, dachlose Längsschiff wurde in den 80er Jahren provisorisch ein Gemeindezentrum eingebaut. Sichtbare und fühlbare Wundränder trennen noch die Elemente dieses ungewöhnlich reichen und großzügigen Stadtraumes, die Kirche, das Wasser, die Gärten, die Alt-, Neu- und Plattenbauten. Dennoch wird die besondere städtebauliche Wirkung der St.-Michaels-Kirche wieder deutlich. Sie liegt genau in der Hauptachse der Gärten im ehemaligen Luisenstädtischen Kanal auf der Grenze zwischen den Bezirken Kreuzberg und Mitte. Früher reichte die freie Sicht von hier bis zur Kirche am Südstern, was sich an klaren Wintertagen noch heute nachvollziehen lässt. Seit 2001 gibt es einen Förderverein St. Michael e.V., der sich für die Erhaltung und Instandsetzung der Kirche einsetzt und Veranstaltungen wie die *Sommermusik* in der Kirche organisiert.

Adresse: Michaelkirchplatz 15, 10179 Berlin Tel.: +49 (0)30 2793259,
www.foerderverein-stmichael-kirche.de
Verbindung: U1, U8 Kottbusser Tor; Bus M29 Oranienplz, Bus 147 Michaelkirchstr.

orthodoxe kirche

dhofskirche des Heiligen Konstantin und der Heiligen Helena in Tegel ist das älteste der drei russisch-orthodoxen Gotteshäuser Berlins und das einzige in Deutschland, das mit einem eigenen Friedhof verbunden ist. Die Anlage erstreckt sich unweit der Autobahnausfahrt Holzhauser Straße in einem Gewerbegebiet und schützt sich mit einer aufwendigen Einfriedung gegen die unwirtliche Umgebung. Das Tor ist von einem schön beschnitzten Dach gedeckt, das auch die neun Glocken des Friedhofsgeläutes birgt. Jenseits des Eingangs zeigt sich tatsächlich eine andere, stille Welt. Eine Lindenallee führt zu der Backsteinkirche die mit ihren fünf blauen Kuppeln märchenhaft durch das dichte Laub schimmert. Bekrönt werden die Kuppeln von orthodoxen Kreuzen, die sich, in Erinnerung alter Glaubenskämpfe, über kleinen Halbmonden erheben. Die Kirche wurde 1894 nach den unentgeltlich gefertigten Plänen des preußischen Hofbaurates Albert Bohm errichtet. Unter ihrem Ikonenschmuck ragen zwei restaurierte Bildnisse der Gottesmutter heraus, die Ende des 19. Jahrhunderts von Klöstern auf dem Heiligen Berg Athos gestiftet wurden. Zar Alexander III. schickte per Bahn russische Erde nach Berlin, um sie auf dem Friedhof verteilen zu lassen. Entstanden ist eine baumreiche Anlage, die vor allem die alten, einfachen Gräber mit schlichten Holzkreuzen prägen.
Unter den bekannteren, auch westeuropäischen Ohren vertrauten, Namen auf den Grabsteinen sind der Architekt Michail Ossipowitsch Eisenstein, Vater des berühmten Filmregisseurs Sergey Michailowitsch Eisenstein, Alexander Alexandrowitsch Rimski-Korsakow, ein Neffe des gleichnamigen Komponisten und Michail Iwanowitsch Glinka, der in Berlin gestorbene und in St. Petersburg begrabene Opernkomponist, an den ein Gedenkstein erinnert.

Adresse: Wittestr. 37, 13509 Berlin, Tel.: +49 (0)30 4327997
Öffnungszeiten: tgl. 8 Uhr bis Sonnenuntergang
Verbindung: U6 Holzhauser Str.; Bus 125 Holzhauser Str./Wittestr.

Der verlassene Raum

Auf dem Koppenplatz wurde 1996 die Bronze-Skulptur *Der verlassene Raum* des Künstlers Karl Biedermann aufgestellt. Er war als Sieger aus einem Denkmal-Wettbewerb zum 50. Jahrestag der Pogromnacht hervor gegangen, der 1988 noch vom Ostberliner Magistrat ausgeschrieben worden war. Ein lederbezogener Tisch und zwei passende Stühle, einer davon umgeworfen, sind täuschend echt gearbeitet und nur wenig, aber doch beunruhigend größer als wirkliche Möbel. Erst aus der Nähe ist das bronzene Material der Plastik erkennbar. Die gröbere Bodenplatte stellt einen Parkettfußboden dar, den ein Fries mit Versen aus einer 1947 erschienenen Gedichtsammlung der Nobelpreisträgerin Nelly Sachs einrahmt:
„... O die Wohnungen des Todes, / Einladend hergerichtet / Für den Wirt des Hauses, der sonst Gast war – / O ihr Finger, / Die Eingangsschwelle legend / Wie ein Messer zwischen Leben und Tod – / O ihr Schornsteine, / O ihr Finger, / Und Israels Leib im Rauch durch die Luft! Nelly Sachs (10. Dezember 1891 Berlin - 12. Mai 1970 Stockholm)".
Im Hinterhof des Hauses Koppenplatz 6 gibt es weitere Kunstspuren, die auf die Vernichtung jüdischer Menschen aufmerksam machen. Die Worte „Vergessen ist Verbannung. Erinnerung ist Erlösung" des jüdischen Mystikers Baal Schem Tow sind an einer Brandwand angebracht, deren ganze Fläche als Seite eines Buchhaltungsjournals gestaltet wurde. Sie führt, stammbaumartig, die Namen der ermordeten jüdischen Hausbesitzerin und ihrer Angehörigen auf. Unter ihnen ist auch eine Nichte, die dem Massenmord entgangen ist und von der die Inhaber der *SPHN Galerie am Koppenplatz* das Haus gekauft haben. Sie selbst realisierten das Erinnerungswerk. Es kann während der Öffnungszeiten der Galerie betrachtet werden.

Adresse: Koppenplatz, 10115 Berlin
Verbindung: U8 Rosenthaler Platz; Bus 240 Rosenthaler Platz

Nelly Sachs (10.

Farbtafeln

Spiegelsaal in Clärchens Ballhaus Mitte S. 134

Georg-Kolbe-Museum Charlottenburg S. 118

Körnerpark Neukölln S.114
Der verlassene Raum Mitte S. 80

Freischwimmer am Flutgraben Kreuzberg S. 150
Kietz Köpenick S. 176

Inselbrücke Mitte S. 32

 Beton-Cadillacs Wilmersdorf S. 52

Späthsches Aboretum Treptow S. 20

Naturpark Schöneberger Südgelände S. 12

Villa Harteneck Wilmersdorf S. 6
Buddhistisches Haus Frohnau S. 68

 Dorfkrug Lübars S. 26

Gutshaus Mahlsdorf S. 124
Rosa-Luxemburg-Denkmal Tiergarten S. 110

 Ahmadiyya Moschee Wilmersdorf S. 66

Indischer Brunnen Mitte S. 8

Garten der Liebermann-Villa am Wannsee S. 14
Krematorium Treptow S. 48

Russisch-orthodoxe Friedhofskirche Tegel S. 78
Wasserauge im Comenius-Garten Neukölln S. 10

 Tadshikische Teestube im Kunsthof Mitte S. 162

St.-Michaels-Kirche Mitte S. 76

 Friedhöfe vor dem Halleschen Tor Kreuzberg S. 70

Franziskaner-Klosterkirche Mitte S. 40

 Osthafen Friedrichshain S. 30

Eastern Comfort Friedrichshain S. 148
Naturpark Schöneberger Südgelände S. 12

Orientalischer Garten Marzahn S. 24
Georg-Kolbe-Museum Charlottenburg S. 118

Buddhistisches Haus Frohnau S. 68
Dorfkirche Marienfelde S. 22

 Friedhof Heerstraße Charlottenburg S. 72

Kleist-Grab

Das Kleist-Grab liegt in einem waldigen Stück am Hang zwischen zwei Ruderclubs in der Bismarckstraße 2 und 4. Zum schlichten Grab – keine Büste, kein Bildnismedaillon, nur ein Eisengitter, der Gedenkstein, eine schöne Eiche und manchmal Blumen – führt ein von Eibenbäumen gesäumter Pfad. Die Zeilen des Heimatdichters Max Ring, „Er lebte, sang und litt / in trüber schwerer Zeit, / er suchte hier den Tod, / und fand Unsterblichkeit - Matth.6 V.12", wurden 1941 entfernt und durch den Vers „Nun, O Unsterblichkeit, Bist Du Ganz Mein", aus dem *Prinz von Homburg* ersetzt – eine Art Arisierung, die neben den Versen des jüdischen Dichters auch das Selbstmordthema vom Stein entfernte. Eine steile Treppe führt hinunter zum Kleinen Wannsee. Nicht weit von hier befand sich vor etwa 200 Jahren ein Ausflugslokal, in dem Kleist und Henriette Vogel Briefe schreibend und Tee und Wein trinkend ihre letzten Stunden verbrachten. Wenige Jahre nach ihrem Freitod im November 1811 wird von einem Ring von zwanzig Pappeln berichtet, der beide Gräber umgeben habe. Auch Kiefernzweige würden von Vorüberkommenden auf die Gräber gelegt und eine junge kräftige Eiche wachse zwischen ihnen. Bald verschwand das Grab von Henriette Vogel. Es klingt wie eine Vorahnung, wenn sie im letzten Brief an ihren Mann schreibt: „...trenne Kleist ja nicht von mir im Tode". Auf Zeiten der Vernachlässigung folgten wiederholte Versuche, dem Dichter einen würdigen Gedenkort zu schaffen. 1889 nannte Theodor Fontane das Kleistgrab eine, seit der Eröffnung der Wannseebahn „viel besuchte Pilgerstätte". Zu den Olympischen Spielen 1936 fand ein Renovierungstermin statt, „da die in allen Reiseführern genannte Grabstätte von zahlreichen ausländischen Gästen aufgesucht werden wird". Noch in den 50er und 60er Jahren des letzten Jahrhunderts wurde das Geburtsdatum korrigiert, der Stein gedreht und das Gitter zum Weg entfernt, und im 200. Todesjahr Kleists wurde der Stein abermals gedreht und auf seiner Rückseite endlich auch der Schicksalsgefährtin des Dichters gedacht.

Adresse: Bismarckstr. 2-4, 14109 Berlin
Verbindung: S1, S7 Wannsee; Bus 114, 118, 218, 316, 318 Wannseebrücke

HEINRICH VON KLEIST
GEBOREN 18. OKTOBER 1777
GESTORBEN 21. NOVEMBER 1811
NUN,
O UNSTERBLICHKEIT,
BIST DU GANZ MEIN.

Rosa-Luxemburg-Denkmal

Das Katharina-Heinroth-Ufer und das nordwestlich anschließende Gartenufer bieten zwischen Landwehrkanal und Zoologischem Garten einen ungewöhnlichen Spazierweg. Der Zugang wird mit Einbruch der Dunkelheit, spätestens um 21 Uhr versperrt, doch am Tage ziehen die nahen Tierstimmen und der freie und unentgeltliche Blick auf die Zootiere viele Schaulustige an.

Entsprechend unverhofft und dramatisch wirkt die mächtige, direkt unterhalb der Lichtensteinbrücke schräg ins Wasser stürzende Gusseisenplatte. Sie wird aus dem Längsrelief der Großbuchstaben des Namens *Rosa Luxemburg* gebildet und bezeichnet den Ort, an dem die ermordete Revolutionärin in den Kanal geworfen wurde.

Nur wenige 100 Meter um den Neuen See herum erinnert auf einer Wiese am nördlichen Seeufer ein Denkmal an die Ermordung Karl Liebknechts. Beide Monumente tragen den Fabrikationsstempel „Kunstguß VEB Lauchhammerwerk 1987“ und sind das Werk des Architektenehepaares Ralf Schüler und Ursulina Schüler-Witte, die auch die zwischen Zoo und Tiergarten zweigeteilte Lichtensteinbrücke entworfen haben.

Adresse: Katharina-Heinroth-Ufer an der Lichtensteinbrücke
Verbindung: S5, S7, S9, S75; Bus 200 Corneliusbrücke, Bus 100, 106, 187 Nordische Botschaften / Adenauer-Stiftung

ROSA LUXEMBURG

Stolpersteine

Mehr als 50 mit Messingblech umhüllte Pflastersteine, die der Künstler Gunter Demnig 1996 auf den Fußwegen der Oranienstraße und der Dresdener Straße verlegte, standen am Beginn einer Kunstaktion, die bis auf den heutigen Tag andauert. Die Steine wurden vor den ehemaligen Wohnhäusern jüdischer Menschen einzementiert und erinnern mit eingravierten Namen, Geburts- und Schicksalsdaten an die Verfolgung der Kreuzberger Juden im Dritten Reich. Die ersten Steine wurden vor den Häusern Oranienstraße 34, 66, 72, 88, 120, 144, 157, 167, 175, 187, 198, 206 und 207 verlegt. Die *Kunst- und Denkmalaktion im öffentlichen Raum* war Teil der Ausstellung *Künstler forschen nach Auschwitz*, die von der Neuen Gesellschaft für Bildende Kunst in Berlin veranstaltet wurde. Im November 2000 war die Zahl der Gedenksteine auf 89 in 22 Kreuzberger Straßen angewachsen. Mitte 2005 waren mehr als 5000 der goldfarbenen Stolpersteine in Berlin und Deutschland verlegt worden. Ende 2012 ist diese Zahl auf 38 000 in 800 deutschen Orten und zwölf europäischen Ländern angewachsen. Die Steine sind nicht mehr ausschließlich jüdischen Menschen gewidmet sondern dokumentieren die Spuren aller Opfer des Nationalsozialismus.

Firmen, Bürgerinitiativen, Hausgemeinschaften oder Einzelne können nach dem Schicksal ehemaliger Anwohner forschen und die Herstellung und das Verlegen der knapp 100 € teuren Steine finanzieren helfen. Nähere Auskünfte dazu gibt die Koordinierungsstelle *Stolpersteine*, c/o Gedenkstätte Deutscher Widerstand, Stauffenbergstr. 13-14, 10785 Berlin, Tel. +49 (0)30 263989014, E-Mail: Stolpersteine@GDW-Berlin.de.

Adresse: Oranienstraße zwischen Görlitzer Bahnhof und Oranienplatz, Dresdener Straße zwischen Kottbusser Tor und Oranienplatz
Verbindung: U1, U8 Kottbusser Tor; Bus M29, 140

HIER WOHNTE
DIETER
HENSTEIN
JG. 1934
PORTIERT
HIER WOHNTE
ALFRED
HOHENSTEIN
DEPORTIERT
34. OSTTRANSPORT
DEPORTIERT
34. OSTTRANSPORT
HIER WOHNTE
ELSA
GOLDENTHAL
DEPORTIERT
HIER WOHNTE
WALTER
DEPORTIERT

Museen und Galerien

Galerie im Körnerpark

Auf dem Gelände einer Kiesgrube ließ der Unternehmer Franz Körner in den Jahren 1912 bis 1916 einen ummauerten architektonischen Garten anlegen, der gartenkünstlerisch zum Schönsten gehört, was das an Grünanlagen reiche Berlin bieten kann. Im Straßengeviert von Jonas-, Schierker-, Wittmannsdorfer- und Selkestraße führen Balustraden geschmückte Treppen auf den fünf bis sieben Meter unterhalb des Straßenniveaus liegenden Parkgrund. Die Westseite bestimmt eine von seitlichen Treppenanlagen gerahmte Orangerie, die mit einer ausgedehnten Terrasse erhöht über dem Garten thront. Es folgt in der Mitte eine Rasenfläche, die auf beiden Seiten von kleinen Kanälen und ehemals geschnittenen Platanen eingefasst wird. Die östliche Seite des Parks beherrschen eine sechsstufige Wassertreppe und ein Fontainenbecken, in die, nach der 2002 begonnenen Sanierung der Leitungen, das Wasser zurückgekehrt ist. Unter der nördlichen Arkadenmauer verbirgt sich hinter sorgfältig gepflegten Hecken ein stiller Blumengarten mit geometrisch gepflanzten Staudenrabatten.

Das Neuköllner Kunstamt betreibt seit Mitte der 80er Jahre in den lang gestreckten Räumen und Flächen der Orangerie eine Galerie. Die Terrasse wird von dem Galerie-Café genutzt und dient als Bühne der, *Sommer im Park* genannten, alljährlich an den Sommersonntagen stattfindenden Konzerte. Die Veranstaltungen, in denen verschiedenste Musikgenres präsentiert werden, sind eintrittsfrei und ein über Neukölln hinaus beliebter Kulturtermin.

Adresse: Schierkerstr. 8, 12051 Berlin, Tel.: +49 (0)30 68092876, www.cafe-im-koernerpark.de
Öffnungszeiten: Di-So 10-18 Uhr
Verbindung: U7, S41, S42, S46, S47 Neukölln; Bus 277 Emser Str.

Tanas
Raum für zeitgenössische türkische Kunst

Rohe, ungeschönte Orte werden gern als Projektionsfläche für zeitgenössische Kunst gewählt. Die Heidestraße, eine von aufgelassenen Bahngleisen und Industrieflächen flankierte Verkehrsachse nördlich des Hauptbahnhofs, ist solch ein Ort, der innerhalb weniger Jahre eine erstaunliche Anzahl von Galerien angezogen hat. Die Ausdehnung des Museums für Gegenwartskunst im Hamburger Bahnhof in einen schlauchartigen Anbau längs der Straße mag diese Entwicklung angestoßen haben.
Auch Tanas ist in gewisser Hinsicht eine Ausdehnung, die der türkischen Kunstszene, nach Berlin. Der nichtkommerzielle Ausstellungsraum, 2008 im ersten Stock eines Fabrikgebäudes eingerichtet, wird im Auftrag der Vehbi Koc Stiftung, Istanbul, von dem Galeristen, Kunstverleger, Kurator und Sammler René Block betreut. Tanas versteht sich als internationaler Projektraum, der türkischen Künstlern und Kuratoren selbstverständliche Arbeits- und Ausstellungsbedingungen bietet. Für Block, der 1995 die 4. Kunst-Biennale in Istanbul organisierte, ist die Begegnung mit der jungen sozialkritischen und ästhetisch radikalen türkischen Kunst, die oft mit Kunstaktionen im öffentlichen Raum arbeitet, Neuorientierung und Rückkehr in einem. Seit den 1960er Jahren in Köln und Berlin ist er auf den Spuren der Fluxusbewegung unterwegs, und auch sein neues Engagement lässt sich unter dem Stichwort *Fluxus und die Folgen* fassen. Zur türkischen Gegenwartskunst hat er zwölf Monographien herausgebracht, die alle in eine, von den jeweiligen Künstlern zu diesem Zweck geschaffene, Originalgrafik eingeschlagen sind und die vor Ort erworben werden können.
Tanas im Dialog bietet jeden Samstag um 14 Uhr die Gelegenheit zu gemeinsamem Ausstellungsrundgang und Gedankenaustausch mit einem eingeladenen Gast aus der Kunstszene. Führungen in türkischer Sprache werden auf Anfrage angeboten. Der Besuch und die Veranstaltungen bei Tanas sind kostenlos.

Adresse: Heidestraße 50, 10557 Berlin, Tel: +49.30.89564610, www.tanasberlin.de
Öffnungszeiten: Di-Sa, 11-18 Uhr
Verbindung: S-Bahn Hauptbahnhof; Bus 142

Georg-Kolbe-Museum

Im Berliner Westend, am Rande des Grunewalds, erbaute Georg Kolbe 1928 bis 1929 zusammen mit dem Schweizer Architekten Ernst Rentsch sein Atelierhaus. Der Ziegelsteinkubus liegt unter hohen Kiefern und ist mit seinem terrassierten Dach, den großen Fenstern und den von Licht durchfluteten Räumen spürbar vom Bauhaus und südlicheren Wohnideen inspiriert. In dem zweiten, etwas kleineren Haus, das der Künstler für seine Tochter bauen ließ, lädt heute in Räumen, die in ihren ursprünglichen Zustand zurückversetzt wurden, das *Cafe K* zu Kaffee, Tarte und feinen Speisen ein. Zwischen beiden Häusern und um sie herum dehnt sich ein von den Figuren des Bildhauers wunderschön animierter Skulpturengarten. Ein Brunnen, 1978 aus dem Garten des Bankiers Stahl in Berlin-Dahlem hierher versetzt, bildet mit der Figur der ausgelassen Tanzenden das Herzstück des Skulpturenhofes. Das Thema des Tanzes hat nahezu dreißig Jahre lang bis Ende der 1920er Jahre das Schaffen Kolbes bestimmt und viele seiner lyrischsten Figuren entstehen lassen. In auffälligem Gegensatz stehen dazu die etwas separiert in einem Gartenrechteck zur Straße hin aufgereihten Statuen, überlebensgroße athletische Männer und Mutter-Heroinnen, die den Einfluss des nationalistischen Zeitgeistes auf Kolbes Arbeit nicht verleugnen können.

Die Einrichtung einer öffentlich zugänglichen Sammelstätte seines Werkes in seinen Wohn- und Arbeitsräumen hatte der 1947 gestorbene Künstler testamentarisch verfügt. Das 1950 eröffnete Museum gehört zu den wenigen Orten der Stadt, an denen die Besucher die Kunstwerke im privaten Lebensraum des Künstlers erleben können. Sein Besuch verspricht über das künstlerische Erlebnis hinaus die Leichtigkeit eines wunderschönen Gartenaufenthaltes mit Kaffeeterrasse. Im Atelierhaus sind die Werke Kolbes in einer Dauerausstellung zu sehen. Künstler, deren Werke sich mit dem Schaffen Kolbes treffen, werden in Wechsel- und Sonderausstellungen im neuen Anbau und im Souterrain gezeigt.

Adresse: Sensburger Allee 25, 14055 Berlin, Tel.: +49 (0)30 3042144, www.georg-kolbe-museum.de
Öffnungszeiten: Di-So 10-18 Uhr
Verbindung: S75, S9 Bahnhof Heerstr.; Bus M49, X34, X49, 218 S Heerstr.

Mori-Ogai-Gedenkstätte

1984 entstand in Ostberlin im Eckhaus Luisenstraße 39, Marienstraße 32 unter den Händen von Charlotte von Mahlsdorf ein sorgfältig, im Stil des späten 19. Jahrhunderts, möbliertes Gedenkzimmer für den japanischen Dichter und Arzt Mori Ogai. Nur wenige Monate hatte es der damalige Medizinstudent und Sohn einer alten japanischen Adelsfamilie im Jahr 1887 bei seinen allzu vertraulichen Wirtsleuten ausgehalten. Das Pensionszimmer, das einzige erhaltene seiner Berliner Quartiere, wurde Kern der kleinen Gedenkstätte. Wie in einer zauberhaften Erzählung wird durch wenige alte Photographien, Büchervitrinen, eine kleine Bibliothek und Textstellen aus Werk und Tagebüchern ein Einblick in das Leben des Japaners gewährt. An der Schwelle zum 20. Jahrhundert war es ihm möglich sein Heimatland mit europäischen Augen wahrzunehmen und gleichzeitig die Lebensformen Europas an den moralischen und kulturellen Werten seines Landes und seines Standes zu messen. Aus diesem spannungsvollen Erlebnis und seiner Begeisterung für die Dichtung Europas ging das gewaltige literarische Werk Mori Ogais hervor, darunter eine große Zahl von Übersetzungen europäischer Klassiker. 1913 erschien in seiner Übersetzung erstmals Goethes Faust in Japan.

Die Mori-Ogai-Gedenkstätte ist Teil der Japanologie der Humboldt-Universität und für japanische Besucher ein Ort der Verehrung und überraschender Vertrautheit in der fremden Stadt. Das Gedenkzimmer, wechselnde Ausstellungen und eine, *Kleine Reihe* genannte, Edition mit studentischen Erstübersetzungen aus unterschiedlichsten japanischen Literaturformen lohnen den Besuch in diesem kleinen Tempel japanischer Kultur in Berlin.

Adresse: Luisenstr. 39, 10117 Berlin, Tel.: +49 (0)30 2826097, www2.hu-berlin.de/japanologie
Öffnungszeiten: Mo-Fr 10-14 Uhr
Verbindung: U6 Friedrichstraße; S1, S2, S5, S7, S9, S25, S75 Friedrichstr.; Bus 147 Schumannstrasse

鷗外

森鷗外記念館
MORI ÔGAI
GEDENKSTÄTTE
Gehweg-
schäden

Mies van der Rohe Haus

Das 1932 gebaute Haus entstand im Umkreis der Entwürfe zu einer Serie von Hofhäusern, an denen Ludwig Mies van der Rohe zwischen 1931 und 1938 arbeitete. In der Nachbarschaft der üppigen Villen am Obersee riskiert es mit seiner sparsamen Formensprache weitgehend unbeachtet zu bleiben. Tatsächlich entdeckt die flach gedeckten, eingeschossigen Backsteinkörper nur, wer auf dieses Fundstück vorbereitet ist. Der Reiz des bescheidenen Hauses enthüllt sich vom Hof, vom Garten oder vom See aus. Die Außenwände sind ganz in Glasflächen aufgelöst, so dass der Blick nicht durch Mauern begrenzt wird. Wer von einem Zimmer durch den dazwischen liegenden Hof hindurch ins andere Zimmer schaut, nimmt alles, innen wie außen, als ununterbrochene Flucht von Räumen wahr. Karl Lemke, der Bauherr, bewohnte das Haus mit seiner Frau von 1933 bis 1945. Nach Kriegsende wurde das Gebäude nacheinander als Lager und Garage von der sowjetischen Armee und als Versorgungsstelle vom Ministerium für Staatssicherheit genutzt. Die Schäden und baulichen Veränderungen dieser Zeit wurden 2000 bis 2002 in einer aufwendigen Sanierung behoben. Auch der Hof- und Gartenraum, den Herta Hammbacher für den Bornimer Betrieb des Pflanzenzüchters und Schriftstellers Karl Foerster gestaltete, ist wiederhergestellt worden. Der im Innenwinkel, zwischen den beiden Baukörpern, neu gepflanzte, schmächtige Walnussbaum ersetzt einen ausgewachsenen Vorgänger, um den herum das Haus einst errichtet worden war.

Seit 1990 ist das Mies van der Rohe Haus ein Kulturinstitut des Bezirks und das einzige von Mies gebaute Privathaus, das öffentlich zugänglich ist. Seine Ausstellungen präsentieren Künstler, die mit ihren Werken Interpretationen zur Geschichte des Hauses und zur Architektur des Neuen Bauens beisteuern können. Das Mies van der Rohe Haus erreicht man vom Alexanderplatz aus mit der Straßenbahn in einer guten halben Stunde. Der Besuch des Hauses und seiner Ausstellungen ist kostenlos.

Adresse: Oberseestraße 60, 13053 Berlin, Tel.: +49 (0)30 97000618, www.miesvanderrohehaus.de
Öffnungszeiten: Di-So 11-17 Uhr
Verbindung: Tram M5 Oberseestr., Tram 27 Stadion Buschallee/Suermondtstr.

Gründerzeitmuseum im Gutshaus Mahlsdorf

Hochstämmige Rosen rahmen die Freitreppe des Mahlsdorfer Gutshauses, auf dessen Rückseite sich der alte Gutspark mit hohen Bäumen und bunten Blumenwiesen erstreckt. Bevor Charlotte von Mahlsdorf, Museumsdirektorin, Konservatorin, Autorin, Dienstmädchen, Bundesverdienstkreuzträgerin, Transvestit und als Lothar Berfelde in Mahlsdorf geboren, 1958 hier einzog, stand das nach zahllosen Nutzungen und Umbauten ruinierte Haus kurz vor dem Abriss. Jahrzehnte verwendete Charlotte auf die Wiederherstellung der mehr als 200 Jahre alten Landvilla, und schon nach zwei Jahren eröffnete sie in den ersten Räumen ihr privates Gründerzeitmuseum. In den 70ern wuchs die Sammlung auf 23 komplette Zimmereinrichtungen und zahlreiche Einzelkollektionen. Ihr Kommentar: „Es wäre nichts entstanden, wenn ich kein weibliches Wesen im männlichen Körper wäre. Weil ich als Kind mit Puppenmöbeln spielte, weil ich heute noch Putzfrau bin, weil mir Gründerzeit Spaß macht und weil ich immer einen Haushalt um mich haben wollte: deshalb steht dieses Museum."
1995 führte die Sachkennerin und Liebhaberin der Gründerzeit die letzten Besucher selbst durch ihr Museum und übersiedelte wenig später nach Schweden. Verschiedene Umstände, darunter ein Überfall von Neonazis, führten zu diesem Schritt. Die Sammlung wurde von der Stadt gekauft und wird seither von einem Förderverein betreut. Auch ohne die Hausherrin bereitet es Genuss, sich durch die fünf Wohnräume, durch Küche, Waschküche, Dienstmädchenzimmer, Musikmaschinenzimmer und die komplette Einrichtung der *Mulackritze* führen zu lassen, der letzten Zille-Kneipe Berlins. Jedes Möbelstück spiegelt die Geschichte dieser leidenschaftlichen, 2002 gestorbenen, Sammlerin. Ihre hingebungsvolle Liebhaberei und eigenwillige Denkmalpflege, auch gegen den Widerstand der DDR-Bürokratie, klingt hier in zahlreichen Anekdoten nach. Sonntags gibt es ab 14 Uhr in der *Mulackritze,* und bei schönem Wetter auch draußen, Kaffee und Kuchen.

Adresse: Hultschiner Damm 333, 12623 Berlin, Tel.: +49 (0)30 5678329
www.gruenderzeitmuseum.de: Öffnungszeiten: Mi, So 10-18 Uhr außer an Feiertagen
Verbindung: S 5 Mahlsdorf; Bus 398 Hultschiner Damm; Tram 62 Alt-Mahlsdorf

Ruine der Künste

In den letzten Kriegstagen erhielt die Dahlemer Villa in der Hittorfstraße 5 das von zahlreichen Einschüssen geprägte äußere Gesicht, das sie bis auf den heutigen Tag zeigt. Zwischen 1981 und 1985 entstand, in Empathie mit dem Ruinenzustand, wie ihr Architekt und Direktor Wolf Kahlen sagt, ein neues Haus im Inneren des alten, die *Ruine der Künste Berlin*. Für den Professor der Technischen Universität ist sie ein erweitertes Atelier, das auch anderen zur Verfügung steht. Eine Sammlung von Emailleschildern mit den Namen der Künstler und ihrer Projekte, die die Fläche einer Wand vom Keller bis unters Dach füllt, gibt Auskunft über das bisherige künstlerische Geschehen in der Ruine. Den Einbauten – Heizung, Holzfußboden, verrigipste Wände – haftet etwas vorrübergehendes, baustellenhaftes an. Sie wirken wie ein schnell improvisierter Arbeitsplatz, der sich nicht gegen das eigentliche Geschehen des Ortes, den Verfall, richten soll. Der Garten zeigt ein ähnliches Bild. Die Installationen aus Glas und Stein müssen sich vor dem mächtigen Eindruck des niedergehenden alten Hauses behaupten. Die Koexistenz von Verfall und Schöpfung ist das packende Erlebnis in dieser Galerie und die dynamische Balance der großen Gegensätze ist auch Thema der künstlerischen Arbeiten des Hausherrn.

Adresse: Hittorfstr. 5, 14195 Berlin, Tel.: +49 (0)30 8313708, www.wolf-kahlen.net
Öffnungszeiten: online oder nach tel. Vereinbarung
Verbindung: U3 Thielplatz; Bus 110 U Thielplatz

d Literaturorte

haft

Das vom Berliner Büro *Léon, Wohlhage, Wernik Architekten* in roten Sandstein gekleidete, 2001 eröffnete, Botschaftsgebäude Indiens ist in seiner kulturellen Mission mehr als in seiner Architektur einzigartig unter den Botschaften in Berlin. Die ursprünglich nach dem großen indischen Kulturbotschafter in Europa, Rabindranath Tagore, benannte Kulturabteilung der Botschaft hat das Haus als öffentlichen Programmort für Indische Kunst etabliert. Zu traditionellem indischen Tanz und Gesang, zu Sitar- und Tabla-Konzerten, Lesungen, Kunstausstellungen, auch zu indisch-westlichen Kunstbegegnungen lädt sie regelmäßig, zumeist werktags, um 18 Uhr, in das Auditorium und das Foyer der Botschaft ein.

Diese bemerkenswerte, auch bei Empfängen zu indischen Festtagen, gepflegte Offenheit in einem Bereich, der traditionell von hoheitlicher Reserviertheit und gesellschaftlichen Schranken dominiert wird, steht dem traditionsreichen und zugleich modernen Land ausgesprochen gut zu Gesicht. Die Termine des Kulturprogrammes, die man in den wenigsten einschlägigen Programmmedien findet, kann der Interessierte auf der Website oder im Kultur-Newsletter der Botschaft nachlesen, den man per E-Mail anfordern kann. Die vielfach hochklassigen Veranstaltungen in der Indischen Botschaft sind eintrittsfrei.

Adresse: Tiergartenstr. 17, 10785 Berlin, Tel.: +49 (0)30 25795-402/403
www.indianembassy.de/cultural_event.php
Verbindung: U2, S1, S2, S25 Potsdamer Platz; Bus 200 Tiergartenstr.

English Theatre Berlin

Der klangvolle Name *Friends of Italian Opera,* unter dem sich das Theater seit 1990 in den Berliner Kulturkalender eingeschrieben hat, ist dahin. Der neue, English Theatre Berlin (ETB), ist nüchterner, aber auch präziser. Spielort des einzigen englischsprachigen Theaters der Stadt sind immer noch die, nach Kurt Mühlenhaupt benannten, Höfe mit ihren ein- und zweigeschossigen Künstler- und Handwerkerateliers und dem gewaltigen Fabrikschlot am Rande des Kreuzberger Chamisso-Kiezes. Der Maler hatte sie 1989 mit der Vision eines Künstlerhofes gekauft. Die Bühne, vor einigen Jahren noch in einem größeren Zimmertheater, in dem die maximal 60 Zuschauer den Schauspielern auf Armeslänge nahe kamen, hat sich allerdings gründlich gewandelt. Mit dem Theater *Thikwa*, das Kunst mit Behinderten macht, teilt sich das ETB eine hohe Fabrikhalle mit großer, ebenerdiger Bühnenfläche und ansteigenden, bis zu 150 Zuschauer fassenden Sitzreihen. Dank der Lotto-Stiftung wurde die feine Spielstätte, die unter dem Kürzel F40 für Fidicinstraße 40 firmiert, zum ersten, für Zuschauer und Künstler barrierefreien Theaterort Berlins umgebaut.

Das Theater ist personell und in seinen Projekten stark in die internationale Kulturszene der Stadt eingebunden. Sein Programm reicht von Klassikern über zeitgenössische Stücke bis zur Comedy. Hinzu kommen hochkarätige internationale Gastspiele. Geschätzte einhundert Tausend englische Muttersprachler in Berlin und eine nicht näher bezifferbare, aber ständig wachsende, Gruppe deutscher und internationaler Liebhaber und Lernender der englischen Sprache beschreiben das beachtliche Publikumspotential der englischsprachigen Bühne.

Adresse: Fidicinstr. 40, 10965 Berlin, Tel.: +49 (0)30 6911211, www.etberlin.de
Verbindung: U6 Platz der Luftbrücke; Bus M19 Mehringdamm, Bus 104 U Platz der Luftbrücke

den großen
Dorfstr.1

F40-STUDIO

ether Klub Theater

Seit Februar 2006 gibt es in Neukölln diesen Ort, den nur „Leute mit zu vielen Ideen und zu wenig Geld“ erfinden konnten: Kaffee, Bier, Pflaumenschnaps und, unübersehbar, die schwarzen Filzvorhänge und die unter der Decke installierten Scheinwerfer. Damit lassen sich je nach Veranstaltungsart der Ort für die Bühne, die Anzahl der Stuhlreihen und der Platz für die Stehplätze festlegen. Die roh gerahmten Schwarzweißfotos mit Szenen aus dem ländlichen Südosteuropa könnten Erinnerungsbilder aus der Heimat oder, wie die Café-Kneipe selbst, Bestandteile des Bühnenbildes sein. Das an zwei, drei Tagen in der Woche als Café betriebene Lokal ist bei Veranstaltungen schnell bis auf den letzten Platz gefüllt. Ob das abendfüllende Theaterstück *Zirkus* auf dem Programm steht, ein Konzert mit Flamencotanz und andalusischer Musik stattfindet oder weitere noch in Arbeit befindliche Stücke Premiere haben, erfährt die Mehrzahl der Besucher aus dem hauseigenen Newsletter, für den sich vermutlich jeder einträgt, der einmal hier war.

Für die Theaterleute war Neukölln der Wunschbezirk. Diese Affinität der Rroma-Bühne mit dem viel gescholtenen, kulturell stark im Aufwind begriffenen, Bezirk hat Aspekte einer Seelenverwandtschaft. Der etwas sperrige Name, Rroma Aether Klub Theater, spielt auf das Medium Radio an, das als szenische Idee bei Lesungen eingesetzt wird. Das doppelte R entspricht alten, und seit ca. zehn Jahren sich verstärkenden, Versuchen dem Rromanes, der Sprache der Rroma, eine angemessene Umschrift zu finden. Außerdem vermeidet es, im Scherz oder im Ernst, die Verwechslung der Rroma mit dem Namen der *ewigen Stadt*.

Adresse: Boddinstr. 5, 12053 Berlin, www.rromaakt.de
Öffnungszeiten Café: Do, Fr und Sa, sowie bei Veranstaltungen ab 18 Uhr
Verbindung: U7 Rathaus Neukölln; Bus 104 und 167 U Rathaus Neukölln

Rroma Aether Klub
Theater
Café Sa & Fr. AB 18 Uhr
TEL. AB. 030 921 29 229

Der Spiegelsaal in Clärchens Ballhaus

Die gut hundert Jahre alten Gebäude Auguststraße 24 und 25 haben im Krieg ihre Vorderhäuser eingebüßt. An ihre Stelle trat ein von Bäumen beschatteter Sommergarten, hinter dem ein weitläufiger Saal mit Nischen und Nebenräumen liegt. Tagsüber wird er als Café und Restaurant genutzt; nachts ist es ein Tanzsaal vom Feinsten. Schon in der Zeit der DDR und bis 2005 wurde hier gefeiert und geschwoft. Mit seinen neuen Besitzern verwandelte sich das marode Etablissement in einen von Life-Bands und DJs bespielten Tanz- und Vergnügungsort, der Junge, Alte, Touristen, Nachbarn und Tanzenthusiasten aller Stile anzieht.
Erst mit der Renovierung kam im ersten Stock des Quergebäudes der alte Spiegelsaal ans Licht. Die Russische Armee hatte den Saal notdürftig von seinen Schäden befreit, bevor er in seinen fünfzigjährigen Dornröschenschlaf fiel. Schon vor den 20iger Jahren, als Clara Haberland noch Kaltmamsell war, tanzte in dem Gebäude der Bär, oben im Spiegelsaal die Haute-Vollée und unten das Volk. Später heiratete Clara den Besitzer und als er starb, übernahm sie das Unternehmen und gab ihm ihren Namen. Alfred Döblin besuchte ihren Spiegelsaal gern und verewigte ihn in seinem *Berlin Alexanderplatz*. Später kamen die Größen der Nazis und auch Tom Cruise drehte hier für den Stauffenbergfilm.
Um seine Ausstrahlung zu erhalten, wurde alles belassen und nur Notwendigstes repariert. Donnerstagabends öffnet der Saal mit dem *Gipsy Restaurant*. Es geht formell zu, die Tische werden zugeteilt, doch die Anweisungen des Oberkellners sind angenehm nonchalant. Man fühlt sich in eine andere Zeit versetzt. Mitten im Saal spielt die Sinti Swing Band im Stil von Django Reinhardt, die Leuchter lassen die Wände in berückendem Orange und Grün aufschimmern und die alten blinden Spiegel erinnern sich an ihren früheren Glanz. An den Sonntagen ist der Spiegelsaal klassischer Musik vorbehalten. Auch tagsüber, wenn keine Veranstaltungen stattfinden, kann man ihn besichtigen. Dann dämmert er in seiner verblichenen Eleganz den Abendstunden entgegen.

Adresse: Auguststr. 24, 10117 Berlin, Tel.: +49 (0)30 2829295, www.ballhaus.de
Öffnungszeiten: Reservierungen für das Gipsy Restaurant sind erforderlich!
Verbindung: U6 Oranienburger Tor; S1, S2, S25 Oranienburger Str.; Bus 240 Tucholskystr.

Antiquariat Brandel und Museum Friedrichshagener Dichterkreis

Am nördlichen Ende der Scharnweberstraße, einer ruhigeren Parallele zur Friedrichshagener Bölschestraße, gelangt man zum Antiquariat Brandel. Neben einem Schwerpunkt mit Literatur, Kunst, Geographie und Reisen widmet sich seine Inhaberin besonders der Ortsgeschichte und der Literatur des Friedrichshagener Dichterkreises. „Mitten im Gewühl der Großstadt und doch fernab von ihr" bildete sich in dem östlichen Berliner Vorort im ausgehenden 19. Jahrhundert um Wilhelm Bölsche, Bruno Wille, Wilhelm Spohr und die Brüder Julius und Heinrich Hart eine „ländliche Vorortbohème", deren libertäre, naturverbundene und antibürgerliche Ideen und soziale Experimente uns versponnen und aufregend modern zugleich vorkommen. Auch bekanntere Autoren, wie Gustav Landauer, Erich Mühsam, der im benachbarten Erkner ansässige Gerhart Hauptmann oder der 1892 nach Berlin gezogene August Strindberg, waren mit den Friedrichshagenern verbunden. Berührend ist die Geschichte um Peter Hille, dem „Vaganten und Bohemien" des Kreises schlechthin, der völlig verarmt und Hungers sterbend in seinen letzten Stunden von Else Lasker-Schüler aufgenommen und umsorgt wurde.

Mit einer eigenen Publikation, den *Friedrichshagener Heften,* und einem Ausstellungsraum zu Themen des Friedrichshagener Dichterkreises dokumentiert das Antiquariat Brandel die literarischen und lebensreformerischen Spuren, die der Kreis in diesem Teil des Berliner Ostens hinterlassen hat.

Die hinter dem Haus in einer Remise untergebrachte *Zeitgalerie Friedrichshagen* stellt Gegenwartskunst aus.

Adresse: Scharnweberstr. 59, 12587 Berlin, Tel.: +49 (0)30 6411160, www.brandel-antiquariat.de
Öffnungszeiten: Mi-Fr 12-18 Uhr, Sa 9.30-13 Uhr
Verbindung: S3 Friedrichshagen; Tram 60, 61 S Friedrichshagen

BRANDE
Antiquariat Friedrichsh

Literaturforum und Kellerrestaurant im Brecht-Haus

Was stiftet den eigenartigen Charme der Chausseestraße 125? Der Kastanien beschattete Hof, die Nachbarschaft der geschichtsträchtigen Friedhöfe, der museale Restaurantkeller oder das kleinste der großen Berliner Literaturhäuser mit seiner gewichtigen Tradition? Bertolt Brecht und Helene Weigel waren 1953 wegen der Nähe zum Berliner Ensemble in das Hinterhaus gezogen, das sie gemeinsam und doch getrennt bewohnten. Ihre Fenster gingen auf den Französischen und den Dorotheenstädtischen Friedhof – ein Umstand, der nach Brecht *nicht ohne Heiterkeit* war. Später gestattete sich der Dichter den Wunsch, dort im Kreise der Großen, neben Fichte und Hegel, begraben zu werden. Das Hinterhaus beherbergt die Brecht-Weigel-Gedenkstätte, das oberste Stockwerk die Nachlassarchive des Paares. 1978 eröffnete das *Brecht-Zentrum der DDR*, zu dem auch das Kellerrestaurant gehörte. Es wurde in den 1990er Jahren in *Literaturforum im Brechthaus* umbenannt. Sein *Kleiner Saal* mit großem Schaufenster und geringer Tiefe bietet vier, direkt vor dem Vortragstisch stehenden Stuhlreihen Platz, die für etwa vierzig Besucher ausreichen. Wenn bei größerem Andrang die Zahl auf das Doppelte und mehr ansteigt, gewinnen die Lesungen, Vorträge und Gespräche ihre berühmt dichte Atmosphäre.

Eingehüllt in eine Schicht aus Fotos und Bühnenbildmodellen hält der Keller mit blanken Holztischen die Mitte zwischen gemütlicher Kneipe und Restaurant. Wer früh am Abend kommt, kann schon mal in einen Fototermin mit Sahra Wagenknecht hineinplatzen, die sich der auratischen Wirkung des *Brechtkellers* bedient. Die Speisekarte ist von Helene Weigel inspiriert. Viele Gerichte gehen auf die handschriftlich überlieferten Rezepte der gebürtigen Wienerin zurück und bei einigen, wie der Paradeisersuppe mit Speckgrammeln oder dem Vanillerostbraten, braucht mancher Gast Interpretationshilfen; der Rostbraten erhält seinen Pfiff nicht von der Vanilleschote, sondern vom Knoblauch, der in der österreichischen Bauernküche als die Vanille des kleinen Mannes galt.

Adresse: Chausseestr. 125, 10115 Berlin, Tel.: +49 (0)30 2822003, www.lfbrecht.de
Verbindung: U6, Bus 142 Oranienburger Tor, Bus 245, Tram M6, M8, 12 U-Bhf. Naturkundemuseum
Öffnungszeiten: Brechtkeller/Kellerrestaurant: tgl. ab 18.00 Uhr

A play of return.
Literaturforum

Buchhändlerkeller

In der innersten Westcity, zwischen dem TU-bewegten Steinplatz und dem Savignyplatz mit seiner pulsierenden Gaststättenszene, verläuft in fast vorstädtischer Ruhe die Carmerstraße. Mit dem Buchhändlerkeller zog 1976 eine Westberliner Literaturinstitution hierher, die knapp 10 Jahre zuvor in der Görresstraße 8, im Friedenauer Dichterkiez gegründet worden war. Schon vorher, in den sechzigern, war das Literarische Colloquium in der Carmerstraße gestartet und die Autorenbuchhandlung, ebenfalls eine Gründung aus politisch und geistig bewegteren Zeiten, liegt nur ein paar Häuser entfernt in dieser traditionellen Literaturstraße.
Der *Keller* hat zwei ebenerdige, direkt von der Straße her betretbare Räume – einen für die Lesungen und Ausstellungen, den anderen, mit Plakaten geschmückt und mit einer kleinen Bar verbunden, für die animierten Gesprächsrunden danach. Dem Donnerstagabend, fest gefügt als Programmtag für die Lesungen wurde schon bald nach dem plötzlichen Tod von K.P. Herbach, dem Gründer, Moderator und maßgeblichen Betreiber des Buchhändlerkellers, 2004, wie im Trotz der Dienstagabend als weiterer Programmtag hinzugesellt. *Fundstelle und Spurensuche*, das bedeutenden, bei uns vergessenen oder unbekannten Schriftstellern nachgeht, *Fernsehen und Literatur*, oder das dem Sachbuch gewidmete *Zur Sache* sind einige der neu etablierten Reihen. Dazu füllt sich der Programmkalender mit zahlreichen Gastlesungen verschiedener Verlage und, seit 2007 mit der Verleihung eines, nach dem Malerpoeten Günter Bruno Fuchs benannten, Literaturpreises. Der Preisträger erhält eine Porträtzeichnung des Malers Johannes Grützke, darf im Buchhändlerkeller vorlesen und auf den Abdruck seines Werkes in einer Literaturzeitschrift hoffen.

Adresse: Carmerstraße 1, 10623 Berlin, Tel.: +49 (0)30 7918897, www.buchhaendlerkeller-berlin.de
Verbindung: U2, U9, S3, S5, S7, S75 Zoologischer Garten; Bus M45, 245 Steinplatz

Buchhändlerkeller
Buchhändlerkeller

Anna-Seghers-Gedenkstätte

1955, acht Jahre nach ihrer Rückkehr aus dem Exil, zog Anna Seghers mit ihrem Mann, László Radványi, in das gerade fertig gestellte Haus in der Adlershofer Volkswohlstraße. Unverkennbar ist die Bautradition der Stalinära: Kantige Säulen rahmen die Hauseingänge des sich weit in die Silberberger Straße hinein ziehenden Häuserblockes. Die Wohnung im dritten Stock, das Treppenhaus, der ganze Ort wirkt authentisch streng, wie ein DDR-Stilleben der 50er Jahre. Auch die Führung durch die Museumswohnung – nichts anfassen, nicht fotografieren – ist knapp aber sehr sachkundig. Das Arbeitszimmer der Seghers und das Wohnzimmer blieben mit der etwa 10 000 Bände umfassenden Bibliothek im Originalzustand. Auch den Flur und das Arbeitszimmer ihres Mannes füllen Erstausgaben und Belegexemplare ihrer in zahlreiche Sprachen übersetzten Werke. Jährlich, zum Geburtstag der Dichterin im November, vergibt die Anna-Seghers-Stiftung, die sich aus den Tantiemen für die Buchverkäufe speist, einen doppelten Literaturpreis: an einen deutschsprachigen und, in Respekt und Dankbarkeit gegenüber den Gastgebern ihrer langen Exiljahre, an einen lateinamerikanischen Autor. Bereichert wird das Museum durch die 1992 gegründete Anna-Seghers-Gesellschaft, die im Wohnzimmer monatlich unentgeltliche Lesungen veranstaltet. Darüber hinaus hält sie einen wirklichen Schatz und einen tollen Service bereit. Alle Spielfilme, die nach den Werken der kommunistischen Schriftstellerin und wohl größten deutschen Erzählerin des 20. Jahrhunderts gedreht wurden, darunter die Verfilmungen des *Aufstand der Fischer von St. Barbara* von Erwin Piscator und Thomas Langhoff oder Fred Zinnemanns *Das siebte Kreuz*, sind als Fernsehmitschnitte gesammelt worden und können informell vor Ort angeschaut werden. Nach ihrem Tod, 1983, richtete die Akademie der Künste in der Wohnung die Gedenkstätte ein und die Volkswohlstraße erhielt den Namen der Dichterin. Berlin hat neben der Anna-Seghers-Gedenkstätte nur eine weitere Dichter-Gedenkstätte, die für Bertolt Brecht. Beides sind Ostberliner Gründungen.

Adresse: Anna-Seghers-Straße 81, 12489 Berlin, Tel.: +49 (0)30 6774725, www.anna-seghers.de
Öffnungszeiten: Di und Do 10-16 Uhr und nach tel. Vereinbarung
Verbindung: S8, S9, S45, S46, S85 Adlershof; Tram 60 S Adlershof

81

Bücher-Denkmale in der Gedenkstätte Deutscher Widerstand

Eines der wertvollsten Denkmale, das Berlin seinen Widerstandskämpfern gegen den Nationalsozialismus gesetzt hat, ist die „Schriftenreihe über den Widerstand in Berlin von 1933 bis 1945“. Ihr erster Band kam zu Beginn der 80er Jahre heraus. Mit dem Titel *Widerstand in einem Arbeiterbezirk* war er dem Wedding gewidmet und rief im damaligen Westberlin sowohl Protest wie Beifall hervor. Hans-Rainer Sandvoß, ein 68er, hatte mit dem nur hundert Seiten starken Bändchen eine Tür zu Forschungen und Veröffentlichungen über den Berliner Widerstand aufgestoßen, die er bis heute offen hält. In zwanzig Jahren sind dreizehn weitere Bände mit ca. 3500 Seiten entstanden. Sie dokumentieren alle Bezirke einer Stadt, die selbst in Kriegszeiten ihr ziviles, nicht-nazistisches Gesicht nie ganz verloren hat. Einzigartig ist bei der Schwere des Themas die Wirkung der Zeitzeugenberichte und Fotos. Sie geben dem politischen Phänomen ‚Widerstand' Namen und Gesicht und bezeugen in Berlin einen renitenten Geist, der nur schwer zum Schweigen zu bringen war.

Die Bücher enthalten im Anhang eine Liste der Gedenktafeln, Ehrungen und Gräber, ein Literaturverzeichnis und einen Personen- und Straßenindex, die sie auch als Führer zu den Straßen und Vierteln qualifizieren, in denen der Widerstand zu Hause war. Heinrich Wilhelm Wörmann und Felicitas Bothe von Richthofen haben an der Reihe mitgeschrieben. Herausgeberin ist die Gedenkstätte Deutscher Widerstand. Sie gibt die Bücher kostenlos ab.

Adresse: Stauffenbergstraße 13-14, 10785 Berlin, Tel.: +49 (0)30 26995000, www.gdw-berlin.de
Öffnungszeiten: Mo-Mi, Fr 9-18 Uhr, Do 9-20 Uhr, Sa und So 9-18 Uhr
Verbindung: U1 Kurfürstenstraße; Bus M29 Gedenkstätte Deutscher Widerstand, Bus M48 Kulturforum

ilda Voß einen Aufruf zum Generalstreik verteilte, verurteilte sie das Schöffengeric
on Berlin-Mitte im März d. J. „wegen Aufforderung zur Arbeitsniederlegung in Tate

Bars, Restaurants, Cafés und Teehäuser

Würgeengel

Die 1992 eröffnete Bar, die mit einem Schild direkt unter der Dachrinne des dreistöckigen Mietshauses auf sich aufmerksam macht, ist ein Unikum in der nonkonformistischen Kneipenlandschaft rund um die Oranienstraße. Rote Plüschmöbel, die Glas getäfelte Decke und satt dunkelrot und braun getönte Wände rahmen den langen Tresen, hinter dem Krawatten tragende Barmänner aufregende Cocktails mixen.

Luis Bunuels Film *Der Würgeengel*, der Pate für den Namen der Bar steht, schildert einen Raum, der seine Besucher in einem eigenartigen Bann festhält. Das ganze klassisch-verruchte Ensemble von Plüsch und Kristall, Licht und Musik, das einem seltsam vertraut und exotisch zugleich vorkommt, entfaltet eine ähnliche Wirkung. Das Personal, wunderbar professionell, tut ein Übriges.

Wo ließe sich die Frage, ob ein *French 75* mit Cognac oder mit Gin gemacht wird, besser klären als hier. Wer früh am Abend kommt, kann das bestrickende Interieur, noch unbevölkert, wie ein leeres Bühnenbild erleben. Erst nach 21 Uhr wird es voller. Rush hour ist am Wochenende zwischen 22 Uhr und 1 Uhr morgens.

Adresse: Dresdener Str. 122, 10999 Berlin, Tel.: +49 (0)30 6155560, www.wuergeengel.de
Öffnungszeiten: ab 19 Uhr
Verbindung: U1, U8 Kottbusser Tor; Bus M29 Oranienplatz, Bus 140 U Kottbusser Tor

DESHALB:
ZIGARREN!
VORSICHT:

Das Eastern Comfort

In der warmen Jahreszeit gibt es kaum einen zweiten Ort an dem sich entspannter ein Cocktail genießen ließe als auf dem Schiffsdeck, zumal wenn die Wellen vorbeifahrender Schiffe einem vorgaukeln, selbst auf dem Fluss entlang zu schippern. Dennoch ist die Bar des Hostelschiffes nicht nur ein Sommerort. In der Lounge brennt im Winter sogar ein gemütliches Kaminfeuer. Die 25 Kabinen des Schiffes werden vorwiegend an Backpacker vermietet, aber auf dem Mitteldeck gibt es acht geräumige Erste-Klasse-Kabinen mit großen Fenstern, für Menschen, die mehr wollen, als nur übernachten. Das Eastern Comfort liegt unterhalb der Oberbaumbrücke am östlichen, Friedrichshainer Flussufer. Die Reste der Berliner Mauer, die hier als East Side Gallery allerhand Menschen anziehen, schirmen das Ufer gegen das hektische Verkehrsgeschehen der Mühlenstraße ab. In Richtung Osten schaut der Schiffsgast direkt auf die malerische Gestalt der Brücke, die früher das, während der Nacht durch einen quer liegenden Baumstamm verschlossene, östliche oder obere Eingangstor für Schiffe in die Stadt war und daher ihren Namen hat. Das stark beschädigte Bauwerk wurde nach dem Krieg nur noch als Fußgängerbrücke und Grenzkontrollstelle genutzt. Erst seit dem viel diskutierten Einbau eines stählernen Mittelteils nach Plänen von Santiago Calatrava, 1994, überqueren hier wieder Züge und Autos die Spree. Um die Anlegestelle herum und weiter in westlicher Richtung den Fluss entlang kann man Zeuge des Umdenkens der Berliner Baubehörden im Umgang mit der Spree werden. Die lange von Industrieanlagen und Gewerbehöfen dominierten Ufer werden zunehmend in schmucke Promenaden verwandelt. Mit Blick auf die vielen internationalen Gäste des Eastern Comfort ist die Lounge mittwochs ab 19 Uhr Schauplatz einer moderierten World Language Party, die ab 22 Uhr in ein Live-Konzert übergeht.

Adresse: Mühlenstr. 73-77, 10243 Berlin, Tel.: + 49 (0)30 66763806, www.eastern-comfort.com
Öffnungszeiten: Di-So ab 16 Uhr
Verbindung: U1, S3, S5, S7, S75 Warschauer Str.; Bus 347 Oberbaumbrücke

Club der Visionäre und Freischwimmer am Flutgraben

Während der Teilung der Stadt trat die lagunenartige Welt, die sich auf beiden Seiten des Flutgrabens zur Spree hinzieht, kaum ins Blickfeld. Direkt unterhalb der Oberfreiarchenbrücke, an der die Schlesische Straße und die Puschkinallee, Kreuzberg und Treptow sich begegnen, wurden damals Fische gezüchtet. Im 18. Jahrhundert war der Graben, nach der Begradigung des Landwehrkanals, zu einem östlichen Nebenarm geworden. Die ausgeblichenen Holzhäuschen, Stege und Terrassen an seinen Ufern sind nahezu gleich geblieben, doch der Puls des Lebens, der hier schlägt, hat sich vollständig verändert. Dauernd provisorisch hat der Club der Visionäre auf den Planken des Treptower Ufers eines der exotischsten Barerlebnisse Berlins eingerichtet. Einfache Schutzdächer, Liegestühle, Bänke und bunte Sessel, durch mit Blumen bepflanzte ehemalige Fischkästen und Seile nur leichthin vom Wasser getrennt, bescheren dem Besucher einen Ort irgendwo zwischen Holland, der Südsee und der Tatsache, dass der Graben als südöstlichster Teil des Westberliner Stadtgebietes lange in den unmittelbaren Schatten der Grenzanlagen getaucht war. Abends und nachts wird es hier bei *Electro* und *Minimal* ziemlich eng.

Die gegenüberliegende, Kreuzberger Seite wird auf ganzer Länge von dem Restaurant Freischwimmer eingenommen, das mit kleiner, feiner Speisekarte und Sonntagsbrunch einen Hauch von Lebensart in den hölzernen Anlagen zelebriert. Der Blick geht von hier hinunter zur Spree, auf die Bauten des Osthafens und auf das eindrucksvolle Fabrikgebäude, das vis à vis über dem Ufer thront und sich mit runder Ecke schön dem Wasserlauf anschmiegt. Wo früher Kraftfahrzeuge repariert wurden, ist heute die Kunstfabrik am Flutgraben e.V. und ihre 2yK-Galerie untergebracht – ein ungeklärter, herausfordernder und inspirierender Fleck, der immer noch vom Niemandsland zwischen Ost und West zu profitieren scheint.

Adresse: Freischwimmer: Vor dem Schlesischen Tor 2a, 10997 Berlin, Tel.: +49 (0)30 61074309 www.freischwimmer-berlin.de; Club der Visionäre: Am Flutgraben 1, 12435 Berlin, Tel.: +49 (0)30 69518942, www.clubdervisionaere.de. Verbindung: U1 Schlesisches Tor; Bus 147, 265 Heckmannufer

Cajun-Restaurant Kid Creole

Seit 2006 führt das Cajun-Restaurant Kid Creole eine kleine Traditionslinie exotischer Kochkunst im Südosten Berlins fort. In einem 150 Jahre alten, denkmalgeschützten Häuschen mit lauschigem Gartenhof, kann, wer den Ort im Lärmschatten der Friedrichshagener Haupt- und Flanierstraße findet, die in ihrem Ursprung franco-kanadische und später mit kreolischen und anderen Einflüssen vermischte Cajun-Küche Louisianas kennen lernen. Kräftige, mit Schweineschmalz und Speck zubereitete und pikant, auch scharf gewürzte *Gumbos* und *Jambalayas* bestimmen die Speisekarte. Letztere werden häufig mit der spanischen Paella verglichen. Der Koch des Kid Creole, der einige Monate in der Region von Baton Rouge die Cajun-Küche studiert hat, bringt, der geographischen Herkunft aus dem Mississippi-Delta entsprechend, neben Geflügel und Schweinefleisch, viel Fisch, Muscheln, Garnelen und das Fleisch von Alligatoren auf den Tisch. An Gemüsen sind Süßkartoffeln und Okraschoten häufig; Paprika, Zwiebeln und Staudensellerie gelten als unverzichtbar.

Die zwei südlich gestimmten Gasträume und der von einem Walnussbaum beschirmte Gartenhof können 50 Personen aufnehmen. Neben den Gartenmöbeln ist noch Platz für Pflanzen und die Stammreste eines der letzten Maulbeerbäume der Bölschestraße. Sie erinnern an die Anfänge der Siedlung im 18. Jahrhundert, als hier böhmische und sächsische Baumwoll- und Seidenspinner angesiedelt wurden und auf der Fläche der heutigen Straße Hunderte von Maulbeerbäumen standen.

Adresse: Bölschestr. 10, 12587 Berlin, Tel.: +49 (0)30 65076680, www.kidcreole.de
Öffnungszeiten: Mo-So 16-24 Uhr
Verbindung: S3 Friedrichshagen; Tram 60, 61 Müggelseedamm/Bölschestr.

Sale e Tabacchi im Rudi-Dutschke-Haus

Wo die Friedrichstraße in die ehemalige Kochstraße, die heutige Rudi-Dutschke-Straße, mündet und Geschäftigkeit aus der bewegteren Mitte in diesen Teil Kreuzbergs pumpt, hat sich, inselartig im alten Zeitungsviertel, eine lebendige Geschäfts- und Restaurantszene gebildet. Hier ist das italienisch lässige und elegante Sale e Tabacchi zu finden. Es ist Restaurant, Bar und Café und in seinem vorderen Teil mit großen Fenstern der Straße zugewandt; der rückwärtige schlanke und überaus hohe Gastraum, sowie im Sommer der mittelmeerisch bepflanzte Gartenhof sind ganztägig zum Essen eingedeckt. Max Dudler, schweizer Architekt und wichtiger Akteur des zeitgenössischen Berliner Bauens, hat diesen bestechend großzügigen und großstädtischen Ort eingerichtet. Das Haus ist Eigentum der links-alternativen *tageszeitung* und wurde 1993, zum 25. Jahrestag des Attentats auf Rudi Dutschke, nach dem Studentenführer benannt. Es liegt in spannungsvoller Nähe zu den Gebäuden des Axel-Springer-Verlages, dessen große Boulevardzeitungen die publizistische Speerspitze gegen die Studentenbewegung der 60er und 70er Jahre bildeten. Mit der Umbenennung dieses Teiles der Kochstraße in Rudi-Dutschke-Straße stoßen beide Zeitungshäuser nicht nur ideologisch sondern auch in einer neuen Art von Straßenkampf aufeinander. Die Rudi-Dutschke-Straße trifft auf die, zwischen ihr und dem Spittelmarkt verlaufende, ehemalige Lindenstraße, die 1996 in Axel-Springer-Straße umbenannt wurde und beide bilden zusammen eine dynamisch entstandene 1968er Denkmal-Topographie.

Adresse: Rudi-Dutschke-Straße 23, 10969 Berlin, Tel.: +49 (0)30 2521155, www.sale-e-tabacchi.de
Öffnungszeiten: täglich ab 10 Uhr
Verbindung: U6 Kochstraße; Bus M29 U Kochstr./Checkpoint Charlie

taz, die tage
RISTORANTE SAL
25
BAR

Café Buchwald

Am nördlichen Rand des Tiergartens direkt vor der Moabiter Brücke und auf einem schönen Fußweg vom Schloß Bellevue entlang der Spree in nur wenigen Minuten zu erreichen, liegt das traditionsreiche Konditorei-Café Buchwald. Der 1852 gegründete Betrieb war ehemals königlicher Hoflieferant und pflegt auch heute noch eine gediegene Kaffeehauskultur. Wem zu Kaffee nur italienisches Design, Latte macchiato und dergleichen einfällt, der könnte sich allerdings verlaufen haben. Die Einrichtung ist altberlinisch und erinnert an das Wohnzimmer von Tante und Onkel, ein bisschen gemütlich und spießig, ein bisschen fein und streng. Die Theke mit gewaltiger Kuchen- und Tortenauswahl nimmt jeden Verdacht, dass man hier falsch sein könnte.

Spezialität des Hauses sind die, aus eigener Fabrikation stammenden, Baumkuchen, die, schwarz und weiß, in unterschiedlichsten Größen in die Fenster getürmt, den Verkaufsraum schmücken. Früher war es ein Glücksfall, bei schönem Wetter draußen einen Platz zu erwischen, doch seit das winzige Vorgärtlein auf seine dreifache Größe angewachsen ist, besteht hier keine Not mehr. Wer auf der Suche nach etwas typisch Berlinischem ist - was auch immer das genau sein mag - sollte sich diesen Ort nicht entgehen lassen.

Adresse: Bartningallee 29, 10557 Berlin, Tel.: +49 (0)30 3915931, www.konditorei-buchwald.de
Öffnungszeiten: Mo-Sa 9-18 Uhr, So 10-18 Uhr
Verbindung: S5, S7, S9, S75 Bellevue; Bus 245 Kirchstr./Alt-Moabit

G. Buchwald
KONDITOREI CAFE

Berliner Teesalon

„Tee trinken und das Getöse der Welt vergessen" wäre ein guter Grund den Berliner Teesalon aufzusuchen, der gegenüber der Ruine von Schinkels Elisabeth-Kirche in der Rosenthaler Vorstadt liegt. Dass es sich bei dem schmucken Teegeschäft auch um eine Teestube und einen Veranstaltungsort handelt, ist nicht gleich ersichtlich. Der Gast sitzt umgeben von Regalen mit Behältnissen, in denen sich 300 Teesorten aus allen Anbaugebieten der Erde verbergen – dazwischen handgefertigte Raku-Schalen, versilberte orientalische Teekannen, hauchdünnes Porzellan und untersetzte, chinesische Miniaturkännchen, die an taoistische Figuren erinnern. Wer genügend Zeit mitbringt, kann die gewünschte Teesorte vor dem Kauf verkosten und erfährt etwas über die empfohlene Wassertemperatur, die Ziehzeit und die Zahl der möglichen Aufgüsse. Die Namen und Beschreibungen der Tees sind voller Poesie und verführen zum Probieren, etwa den *Wolken-Nebel-Tee*, die *herbstliche Gottheit der Barmherzigkeit*, den *Phönix Tanchauyin* oder den raren und kostbaren *Silbernadel Tee*, den die Chinesen empfinden wie den „Sonnenaufgang auf einer Bergwiese, wenn sich die Nebelschleier lichten". Eine besondere Spezialität sind Spitzentees aus den geheimen Teegärten Chinas, die früher dem Kaiserhaus vorbehalten waren und von denen auch heute nur wenige in den Handel gelangen.
Eine, *Tee-Reisen* genannte, Veranstaltungsreihe, in der man Wissenswertes, Poetisches und natürlich den Geschmack einer der großen Teeregionen kennen lernt, führt durch die wichtigsten Anbaugebiete der Welt. Diese Veranstaltungen, mit bis zu sieben Personen, finden sonnabendnachmittags statt und müssen frühzeitig gebucht werden.

Adresse: Invalidenstr. 160, 10115 Berlin, Tel.: +49 (0)30 28040660, www.tee-import.de
Öffnungszeiten: Mo-Fr 10-19 Uhr, Sa 10-16 Uhr
Verbindung: U8 Rosenthaler Platz; Tram M8, 12 Brunnenstr./Invalidenstr

Teehaus im Chinesischen Garten in Marzahn

Das *Berghaus zum Osmanthussaft* ist ein klassischer chinesischer Tee-Pavillon. Er liegt im Zentrum des *Garten des wieder gewonnenen Mondes*, der, nach einem Plan des Pekinger Instituts für klassische Gartenarchitektur von chinesischen Gartenfachleuten angelegt, den Südteil des Erholungsparks Marzahn bildet. Der chinesische Garten wurde als erster der Marzahner *Gärten der Welt* im Herbst 2000 eröffnet. Alle Materialien, einschließlich der riesigen, stark zerklüfteten *Thai-Hu*-Steine, wurden aus China importiert. Finanziert wurde die einem Gelehrtengarten nachempfundene, künstliche Seenlandschaft von VW Shanghai. Nicht zufällig betreibt eine chinesische Landschaftsplanerin das Teehaus. Sie stellt auf Wunsch die chinesische Teekunst vor, eine etwa einstündige Zeremonie, bei der die Gäste Aussehen, Geruch und Geschmack des Tees studieren, die *Gerechtigkeitskanne* kennen lernen und in die philosophischen Aspekte und Eigenheiten des Teetrinkens eingeführt werden. Es bleibt nur eine Einführung, denn die wahre Kunst des Tees ist, der Tee- und Landschaftsexpertin zufolge, die Vereinigung mit der Natur.
Eine Vorführung der chinesischen Teekunst ist ab einer Teilnehmerzahl von sechs Personen möglich und telefonisch zu buchen. Das Teehaus bietet in seinen ausgesucht schönen Räumen und auf der Seeterrasse mehr als 30 chinesische Teeraritäten und Gebäckspezialitäten an und unterhält in einem Nebengebäude ein kleines Lädchen mit chinesischem Kunsthandwerk.

Adresse: Eisenacher Str. 99, 12685 Berlin, Tel.: +49 01793945564, www.china-teehaus.de
Öffnungszeiten: Apr. - Okt. tgl. 10.30-18 Uhr, Nov. - Mrz. an Wochenenden bei schönem Wetter
Verbindung: S7 Marzahn; Bus 195 Erholungspark Marzahn

Teestube

ländische Idyll aus geschnitzten Holzpfeilern und De- , Teppichen und zu Divanen aufgeschichteten Stoffen, Kissen und Armrollen ist nach dem Auszug der Tadshikischen Teestube aus dem Palais am Festungsgraben jetzt im hinteren Teil des Kunsthofes zu finden. Der mit großen Steinen gepflasterte und von einer Kastanie mit Rundbank beherrschte Hof liegt in unmittelbarer Nachbarschaft der Neuen Synagoge in der Oranienburger Straße. Die Teestube und ihr köstliches Interieur sind ein Stück DDR-Kulturgeschichte zum Anfassen. Es entstammt komplett einem Stand der sowjetischen Teilrepublik Tadshikistan auf einer der Leipziger Messen der 70er Jahre und wurde der DDR als Geschenk überlassen. Weder die reizvolle Ausstattung, noch die Karte mit kleinen Speiseangeboten und zahlreichen internationalen Teespezialitäten hat sich seit der Eröffnung, 1976, kaum nennenswert geändert. Zum Sitzen in den, um die niedrigen Tische aufgehäuften Polstern werden die Schuhe ausgezogen. Für Gäste, denen das zu beschwerlich ist, stehen Tische mit Stühlen bereit.

Immer montags, ab 19.30 Uhr, ist Märchenstunde in der Teestube. Die Kinder- und Jugendbuchautorin Ilse Korn hatte die Kunst des Erzählens in der bücherarmen Nachkriegszeit im damaligen *Haus der Kultur der Sowjetunion*, dem späteren Palais am Festungsgraben, begründet. Heute setzen ihre Tochter und ihre Enkelin, die Märchenerzählerinnen Nina Madlen Korn und Katja Popow, diese Tradition in der Teestube im Kunsthof fort.

Adresse: Kunst-Hof, Oranienburger Str. 27, 10117 Berlin, Tel.: + 49 (0)30 2041112
Öffnungszeiten: täglich 12-24 Uhr
Verbindung: S2 Oranienburger Str., Tram M1+M6 Oranienburger Str.

Hotels, Hostels und Pensionen

Honigmond Hotels

Das Honigmond Garden Hotel hat im Oktober 2000 am nördlichen Rand des Bezirks Mitte in der Invalidenstraße eröffnet. Englische Zurückhaltung und südliche Extravaganz kommen in dem aufwendig restaurierten Gebäude zusammen. Die größeren, zur Straße gelegenen, Zimmer und die kleineren, ruhigen Zimmer zum Garten sind individuell und phantasiereich, zum Teil mit Stücken aus dem Theater-Fundus, möbliert. Vielleicht inspiriert von einer in den 60er Jahren hier untergebrachten Pflanzenhandlung des berühmten Späthschen Gartenbaubetriebes entstand ein großer, üppig bepflanzter Gartenhof mit sechs ebenerdig anliegenden Zimmern, in denen der Gast den seltenen Luxus einer Gartenresidenz im Zentrum Berlins genießen kann.
Nur zwei Minuten sind es zu Fuß zum Eckhaus Tieckstr. 12, Borsigstr. 28, dem zweiten der beiden Honigmond-Hotels. Die zwölf Zimmer haben die großzügigen Maße und das unkonventionelle Aussehen modernisierter Berliner Altbauten mit Holzdielen und Stuck verzierten Decken. Es liegt in der Beletage über einem Restaurant gleichen Namens, das dem Hotel als Frühstückscafé und Speiselokal dient. In den 80er Jahren war es unter dem Namen *Borsig-Eck* eine vielbesuchte Adresse von DDR-Dissidenten und wurde kurz vor der Wende wegen Übererfüllung seines gesellschaftlichen Auftrages von der Staatssicherheit geschlossen. In beiden Honigmond-Häusern, die angenehm ruhig und doch nur wenige Gehminuten von den kulturellen Zentren in Mitte entfernt liegen, werden Wohnungen auch für längere Aufenthalte vermietet.

Adresse: Invalidenstr. 122, 10115 Berlin, Tel.: +49 (0)30 28445577; Tieckstr. 12/Borsigstr. 28, 10115 Berlin, Tel: +49 (0)30 2844550, www.honigmond-berlin.de
Verbindung: U6 Zinnowitzer Straße; S1, S2, S25; Bus 245, 247; Tram 12, M8 Nordbahnhof

Tieckstraße

Arte Luise Kunsthotel (vormals Künstlerheim Luise)

In unmittelbarer Nachbarschaft zum Haus der Sächsischen Landesvertretung, das vor der Wende *Die Möwe*, den berühmten Ostberliner Künstlerclub beherbergte, liegt zwischen Charité und Spree das Arte Luise Kunsthotel. Das vollständig restaurierte Haus stammt aus dem ersten Viertel des 19. Jahrhunderts und wurde 1999 mit etwa dreißig Gastzimmern eröffnet. Alle Zimmer sind in Ausstattung und Wanddekoration individuelle Künstlerschöpfungen und tragen Namen wie *Safari*, *Drei Damen in Rot*, *Mammels Traum*, *Samarkand* oder *Japanischer Garten*. Ein, zum zehnjährigen Jubiläum des Hauses, erschienener Katalog hilft bei der Orientierung in der phantasievollen Zimmerlandschaft. Seit 2003 ist der ursprünglich zur S-Bahn hin offene Hof durch einen Neubau verschlossen und das, auf fünfzig Zimmer angewachsene, Hotel kann auf Ohrenstöpsel für seine Gäste, die früher in jedem Zimmer bereit lagen, verzichten.

Sowohl in seinen Kunstformen, wie in dem Miteinander von hohen Altbauräumen und klimatisierten Neubauzimmern, von großzügig-luxuriösem Wohnen in der Beletage und günstigen Zimmern in der Mansarde, ist das Arte Luise erfrischend vielfältig und unkonventionell. Mit der Wahl eines der fünfzig Zimmerkunstwerke entscheidet sich der Gast übrigens auch für den jeweiligen Künstler oder die jeweilige Künstlerin, die an dem Umsatz des von ihnen gestalteten Zimmers beteiligt sind.

Adresse: Luisenstr. 19, 10117 Berlin, Tel.: +49 (0)30 284480, www.arte-luise.com
Verbindung: U6, S1, S2, S5, S7, S9, S25, S75 Friedrichstraße; Bus 147 Deutsches Theater

NSTLERHEIM LUIS
Arte
KUNSTHOTEL

Hotel Friedenau
Das Literaturhotel

Die ehemals zweistöckige Stadtvilla auf die ein drittes Stockwerk und das Dachgeschoss aufgesetzt wurden, gehörte früher zur Kette der christlichen Hospize. Heute versteht sich das Haus als Kiez-Hotel und da Kiez und Literatur in Friedenau einen identischen Klang haben, ist der Zusatz Literaturhotel fast selbstverständlich. Die heutige Betreiberin müsste also nicht selbst Schriftstellerin sein und Mitglied des PEN-Zentrums der Bundesrepublik Deutschland und Trägerin mehrerer Literaturpreise und Stipendiatin in der Villa-Massimo in Rom… Ganz Friedenau scheint wie imprägniert mit den Namen großer Dichter. Sie wohnten oft Tür an Tür und mehrten, manchmal Generation auf Generation, mit ihrem Ruhm auch den Ruhm ihrer Straßen. Die Niedstraße und die Stierstraße, die ganze Gegend um den Friedrich-Wihelm-Platz oder die Görresstraße, in der der Buchhändlerkeller seinen Anfang nahm, sind solche Orte. Das weltoffene Hotel – man spricht englisch, französisch, italienisch, schwedisch und russisch – ist in diese Literaturlandschaft eingepasst. Ein weit in den Garten reichender, mit stilvoll-gemütlichen Biedermeiermöbeln ausgestatteter Anbau, auch Ort für das allmorgendliche Frühstücksbuffet, ist, wie sein Name *Uwe-Johnson-Salon* verrät, der Literatur gewidmet. Seit 2003 gibt es diese Lesebühne, in der Autoren wie Christoph Meckel, Edgar Hilsenrath oder Judith Hermann zu Gast waren. Die Dichterlesungen finden alle zwei Monate statt und die Literaturfreunde unter den Berlinbesuchern können den Zeitpunkt ihres Aufenthaltes mit dem Lesekalender des Hotels abstimmen.

Adresse: Fregestr. 68, 12159 Berlin, Tel.: +49 (0)30 8590960, www.literaturhotel-berlin.de
Verbindung: U9 Friedrich-Wilhelm-Platz; S1 Friedenau; Bus M48, M85, 186, 246 Kaisereiche

Hostel am Flussbad

Am Ufer der Dahme hat ein Bürgerverein mit Unterstützung der Berliner Denkmalpflege in den 90iger Jahren das Kommunikationszentrum Flussbad Gartenstraße am Rande des historischen Fischerkietzes gegründet. Das mehr als 100 Jahre alte Flussbad, das in einem erbärmlichen Zustand war und schon seit Jahren geschlossen blieb, konnte mit Bootsverleih, Steganlagen und Sandstrand wieder eröffnet werden. Aus einer ehemaligen Bootswerft und den Baracken des alten Bades sind das „Hostel am Flussbad“ und das Restaurant „Krokodil“ entstanden. Das Hostel bietet vierzig Betten in Doppel-, Einzel- und Mehrbettzimmern. Für Gruppen gibt es günstigere Tarife und einen voll ausgestatteten Seminarraum. Der halbrunde Pavillonbau des Restaurants und Cafés und die Terrasse liegen direkt über dem Fluss und der Strandanlage, zu der breite Holztreppen hinunter führen. Im Sommer kann man an wenigen Tischen direkt am Wasser sitzen. Es gibt nicht viele Orte in Berlin, an denen die urbanen und landschaftlichen Qualitäten der Stadt in dieser Kombination zu haben sind.

Adresse: Gartenstr. 46-48, 12557 Berlin, Tel.: +49 (0)30 65880094, www.der-coepenicker.de
Verbindung: S47 Spindlersfeld; Bus 164, 167 Schloßplatz Köpenick; Tram 27, 60, 61, 62, 67, 68 Schloßplatz Köpenick

HOSTEL
am Flussbad
50

Hotel Die Fabrik

Die Schlesische Straße verläuft an der Nahtstelle der früher getrennten Stadthälften zwischen Kreuzberg und Friedrichshain und war eine fast gespenstig öde Ecke in Sichtweite der Grenzübergangsstelle Oberbaumbrücke. Heute ist sie Teil einer florierenden urbanen Szenerie, in der beinahe täglich neue Läden, Kneipen und Cafés entstehen. Das Hotel ist in einem fünfgeschossigen Fabrikgebäude aus der Zeit der Jahrhundertwende untergebracht, das 1995 restauriert und ausgebaut wurde. Der urig-charmante Backsteinbau, der in unmittelbarer Nähe des U-Bahnhofs Schlesisches Tor und der Spree liegt, und der vor Jahren als eines der ersten Berliner Hostels gestartet ist, hat sich zu einem gut geführten, alternativen Hotel ausgewachsen. Der Gast kann wählen zwischen vierundvierzig ruhigen und geräumigen Zimmern, einem Bett im Schlafsaal oder, wer es luxuriös mag, dem Atelier oder der Suite. Verbunden mit der Fabrik ist das Frühstücks-Café *Eisenwaren* ein lebendiges, freundliches Straßencafé, das auch täglich wechselnden Mittagstisch anbietet. Neugier wecken die schräg gegenüber liegenden Höfe am Osthafen. Links und rechts von den Häusern Schlesische Straße 29 und 30 führen Toreinfahrten in die labyrinthische Hinterhoflandschaft. Nachdem vier, fünf, der von Backsteingebäuden gerahmten Höfe durchquert sind, steht man am Ufer der Spree, mit schönem Blick auf die Oberbaumbrücke und die Gebäude des Osthafens.

Adresse: Schlesische Str. 18, 10997 Berlin, Tel.: +49 (0)30 6117116, www.diefabrik.com
Verbindung: U1 Schlesisches Tor; Bus 147, 265 Taborstr.

HOTEL
DIE FABRIK

Alte Bäckerei Pankow

Das Haus, das zwischen 1875 und 1964 für drei Generationen der Bäckerfamilie Hartmann Geschäft und Wohnhaus war, verdient, mit all seinen handwerklichen Erinnerungen, fast wie ein lebendiges Wesen respektiert und bewahrt zu werden. So sieht es jedenfalls seine neue Besitzerin, die es 2001 gekauft hat und mit Hof und Nebengebäuden, unterstützt von öffentlicher Förderung, denkmalgerecht sanieren ließ. Entstanden sind eine Bäckerei, ein Museum und eine Herberge. In der alten Backstube, im Quergebäude, mit mächtigem Brustfeuerungsofen, wird von der Bäckerei Märkisches Landbrot dienstags und freitags wieder in traditioneller Weise und nach Demeter-Vorschrift Brot gebacken: das Pankower lang à 750g und das Pankower rund à 1500g. Man kann dem Bäcker dabei über die Schulter schauen und das warme, duftende Brot sofort mitnehmen. Im Parterre des Wohnhauses ist die alte Hartmannsche Wohnungseinrichtung ausgestellt, die die Lebensverhältnisse einer Handwerkerfamilie im Dorf Pankow um 1900 zeigt. Das Obergeschoss birgt zahlreiche Sammlungsstücke für ein geplantes Kindheitsmuseum, dem der Bezirk allerdings bisher nicht zustimmen mag.
Unter dem Dach des Hauses liegt die kleine Gästewohnung, die bis zu vier Personen Platz bietet und aus kleiner Stube, Schlafzimmer, Kammer und einem Badezimmer besteht, in dem, passend zur musealen Umgebung, anstatt der Wanne ein Holztrog mit fließend warmem Wasser steht. Ein Küchenraum steht in der Remise im Hof zur Verfügung. Die Alte Bäckerei liegt im Ortskern von Pankow und ist mit öffentlichen Verkehrsmitteln in einer guten Viertelstunde aus dem Stadtzentrum zu erreichen.

Adresse: Wollankstraße 130, 13187 Berlin, Tel.: +49 (0)30 4864669 Frau Deus, www.alte-baeckerei-pankow.de; Öffnungszeiten: Museum: Di 11-17 Uhr und nach tel. Vereinbarung, Bäckerei: Di, Mi,Fr 15-18 Uhr; Verbindung: S1, S25 Wollankstr.; Bus 255 Wilhelm-Kuhr-Str.

HOLZOFENBÄCKEREI
PANKOWER
MUSEUM
BROT
SEIT 2006
MÄRKISCHES LANDBROT

Übernachten im Fischerkietz

Den Wechsel von der schrillen Verkehrswelt der Müggelheimer Straße in die dörfliche Szenerie des Kietz am Ufer des Frauentog, kann man sich übergangsloser und dramatischer kaum vorstellen. Kietz ist ein sonntäglich verträumtes Sträßchen und war bis zu seiner Eingemeindung nach Köpenick, Ende des 19. Jahrhunderts, der Kern eines selbständigen Fischerdorfes mit 31 Hausstellen auf beiden Seiten der Straße. Ein halbes Dutzend der alten, einstöckigen Häuser, die mit ihren Nebengebäuden kleine Höfe und Gärten bilden, sind erhalten und von der Denkmalpflege restauriert und schön herausgeputzt worden.
Kietz 8 ist eines der historischen Fischerhäuser, in dem Gästezimmer vermietet werden. Auch die ehemalige Bäckerei, Kietz 12, ein etwa 240 Jahre altes, noch mit traditionellen Fischereirechten ausgestattetes Haus, bietet eine Unterkunft für zwei Personen an. Schräg gegenüber, in Kietz 21, finden Gäste Platz in einem eigens dafür ausgebauten Gartenhaus. Über die Breite Gasse, einem von drei Durchgängen zum Fluss, die früher von den Fischern der Wasser abgewandten Straßenseite benutzt wurden, haben sie einen separaten Eingang. Ein großer Terrassenplatz öffnet sich zum Garten, der bis zu den eigenen Bootsstegen am Frauentog reicht. Von hier aus fällt der Blick auf das Köpenicker Schloß, das auf einer Insel zwischen Frauentog und Dahme liegt – ein traumhafter Ort, nicht nur für Wasserwanderer, die hier mit eigenen Booten anlegen können.

Adressen: Fr. Wachsmuth-Leege, Kietz 21, 12557 Berlin, Tel.: +49 (0)30 6511047; Hr. Wünsch, Kietz 8, Tel.: +49 (0)30 6510751, l.wuensch@berlin-kietz.de; Fr. Boerger, Kietz 12, Tel.: +49 (0)30 65880537
Verbindung: S47 Spindlersfeld; Bus 167 Landjägerstr.; Tram 62 Betriebshof Köpenick

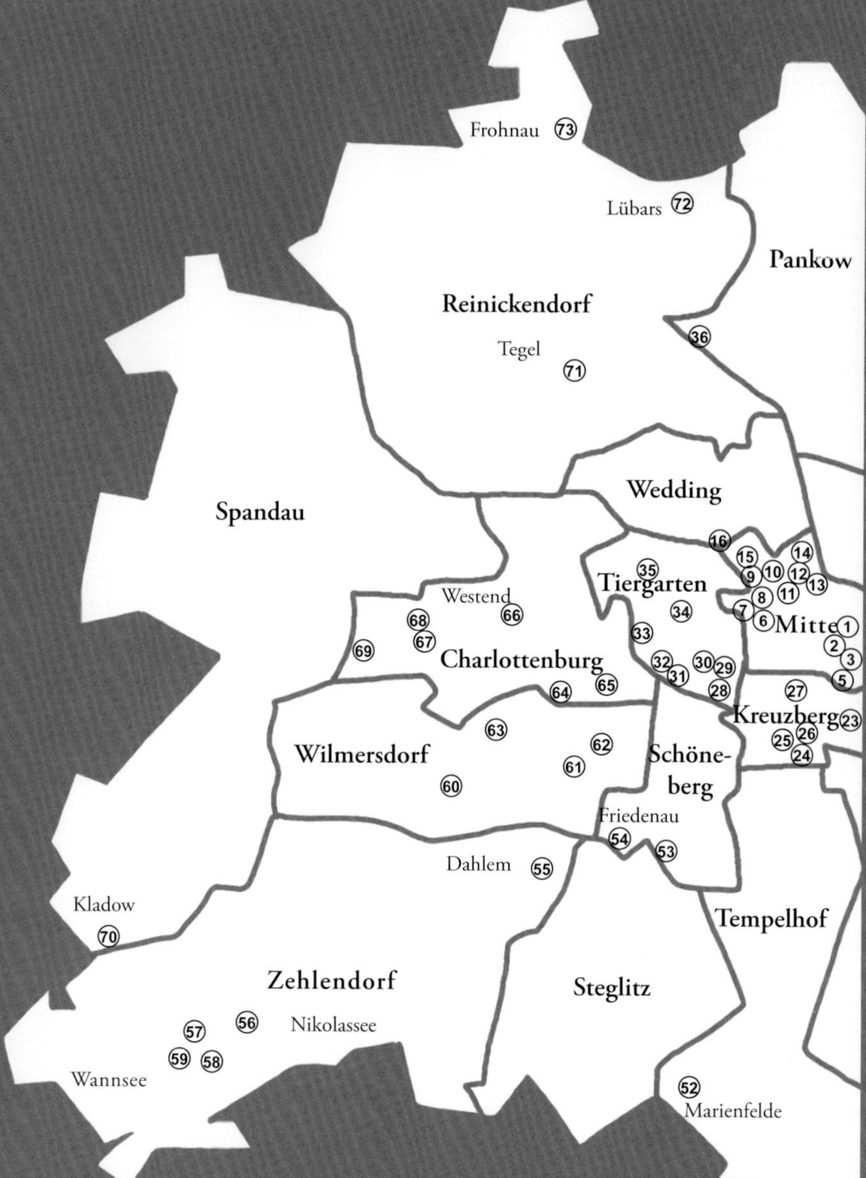
Frohnau
73
Lübars
72
Pankow
Reinickendorf
Tegel
71
36
Wedding
Spandau
16
15
14
9
10
12
13
Tiergarten
35
Westend
66
8
11
7
6
Mitte
1
2
3
5
68
67
69
34
33
Charlottenburg
32
31
30
29
65
64
28
27
Kreuzberg
23
63
26
25
24
Wilmersdorf
62
61
60
Schöne-
berg
Friedenau
54
53
Dahlem
55
Kladow
70
Tempelhof
Zehlendorf
Steglitz
56
57
Nikolassee
59
58
Wannsee
52
Marienfelde

Berliner Bezirke

Legende Bezirkskarte

Mitte	1 Franziskaner-Klosterkirche
	2 Historischer Hafen
	3 Deutsches Architektur Zentrum
	4 Gärten im Luisenstädtischen Kanal
	5 St.-Michaels-Kirche
	6 Tadshikische Teestube
	7 Raum der Stille
	8 Mori-Ogai-Gedenkstätte
	9 Arte Luise Kunsthotel
	10 Honigmond-Hotels
	11 Clärchens Ballhaus
	12 Der verlassene Raum
	13 Kino Babylon
	14 Berliner Teesalon
	15 Brechthaus
	16 Tanas Kunstraum
Friedrichshain	17 Eastern Comfort
	18 Osthafen
	19 Stralauer Spreepromenade
Kreuzberg	20 Hotel Die Fabrik
	21 Regenbogenfabrik
	22 Würgeengel
	23 Stolpersteine
	24 English Theatre Berlin
	25 Riehmers Hofgarten
	26 Friedhöfe am Halleschen Tor
	27 Sale e Tabacchi im Rudi-Dutschke-Haus
Tiergarten	28 Ave Maria
	29 Bücher-Denkmale
	30 Indische Botschaft
	31 Villa von der Heydt
	32 Rosa-Luxemburg-Denkmal
	33 Capt'n Schillow
	34 Café Buchwald
	35 Arminiusmarkthalle
Pankow	36 Alte Bäckerei Pankow
Hohenschönhausen	37 Mies van der Rohe Haus
Marzahn	38 Chinesisches Teehaus
	39 Orientalischer Garten

Hellersdorf	40 Gründerzeitmuseum
Köpenick	41 Antiquariat Brandel 42 Kid Creole 43 Übernachten im Fischerkietz 44 Hostel am Flußbad
Treptow	45 Am Flutgraben 46 Späthsches Arboretum 47 Krematorium Treptow 48 Anna-Seghers-Gedenkstätte
Neukölln	49 Galerie im Körnerpark 50 Comenius-Garten 51 Rroma Aether Klub Theater
Tempelhof	52 Dorfaue Marienfelde
Schöneberg	53 Schöneberger Südgelände 54 Literaturhotel Friedenau
Zehlendorf	55 Ruine der Künste 56 Mittelhof 57 Liebermann-Villa 58 Kleist-Grab 59 Galerie Mutter Fourage
Wilmersdorf	60 Garten Villa Harteneck 61 Ahmadiyya Moschee 62 Kirche am Hohenzollernplatz 63 Beton-Cadillacs 64 Ehemaliges Universum-Kino
Charlottenburg	65 Buchhändlerkeller 66 Gipsformerei 67 Georg-Kolbe-Museum 68 Friedhof Heerstraße 69 Schildhornsäule
Spandau	70 Landhausgarten Dr. Max Fränkel
Reinickendorf	71 Russisch-Orthodoxe Friedhofskirche 72 Dorfaue Lübars 73 Buddhistisches Haus

Nachtrag

Mit dem Fall der Mauer begann für jeden, der in Berlin lebte, eine nicht ganz freiwillige Entdeckungsreise mit dem Ziel, eine neue Stadthälfte kennen zu lernen und in das tägliche Leben zu integrieren. Der Internet-Stadtführer www.berlin-hidden-places.de war eine erste Sammlung dieser Reiseerlebnisse. Viele der darin vorgestellten Orte gibt es nicht mehr, wie das koreanische Tempellokal in der Danziger und das savoyische Restaurant in der westlichen Kantstraße. Oder sie sind verschlossen wie das Nicolaihaus mit dem schönsten Innenhof Berlins oder vergangen, noch bevor wir sie aufnehmen konnten, wie die Kantine in der Staatsbibliothek Unter den Linden mit ihren Tischen im Ehrenhof.
Die 73 Orte, die das Buch vorstellt, vermitteln einen Eindruck von den feinen und preziösen Fundstücken, die unter der Oberfläche des Stadtlebens schlummern. Mehr als in anderen Metropolen sind es nicht die offiziellen Attraktionen, sondern der dynamische Wandel, das nach Krieg und Teilung stetige Sich-Neu-Erfinden, die das Reizvolle Berlins ausmachen.

Die Zahl der Orte ist in dieser überarbeiteten zweiten Auflage gleich geblieben. Aber neben zahlreichen Korrekturen und Ergänzungen sind zwei Orte aus der Sammlung herausgefallen und zwei andere hinzugekommen. Hugendubel am Tauentzien, das wir wegen seiner konkurrenzlos großzügig konzipierten Leselandschaft aufgenommen hatten, ist 2012 geschlossen worden. Da sich das Guggenheim Museum Anfang 2013 aus der Zusammenarbeit mit der Deutschen Bank zurückzieht, entfällt auch der Beitrag über das Deutsche Guggenheim Museum.
Neu aufgenommen wurden das Brechthaus mit dem Literaturforum und dem Kellerrestaurant, das eine, das kleinste unter Berlins großen Literaturhäusern, das andere, ein aus mehreren Gründen ziemlich urtümliches Restaurant. Hinzu kommt der Kunstraum Tanas, dessen Name der spiegelbildlichen Lesart von *sanat,* dem türkischen Wort für Kunst entspricht. Er stellt die junge avantgardistische Kunstszene der Türkei vor und setzt einen neuen, kräftigen Akzent in der Berliner Kunst- und Galerienlandschaft.